服务业振兴、京津冀协同与天津城市经济建设

姜达洋　著

中国财经出版传媒集团
经济科学出版社
Economic Science Press

图书在版编目（CIP）数据

服务业振兴、京津冀协同与天津城市经济建设/姜达洋著.
—北京：经济科学出版社，2019.2
ISBN 978－7－5218－0252－8

Ⅰ.①服… Ⅱ.①姜… Ⅲ.①区域经济发展－研究－天津 Ⅳ.①F127.21

中国版本图书馆 CIP 数据核字（2019）第 027473 号

责任编辑：李晓杰
责任校对：刘　昕
责任印制：李　鹏

服务业振兴、京津冀协同与天津城市经济建设
姜达洋　著
经济科学出版社出版、发行　新华书店经销
社址：北京市海淀区阜成路甲 28 号　邮编：100142
总编部电话：010－88191217　发行部电话：010－88191522
网址：www.esp.com.cn
电子邮件：esp@esp.com.cn
天猫网店：经济科学出版社旗舰店
网址：http：//jjkxcbs.tmall.com
北京密兴印刷有限公司印装
710×1000　16 开　12 印张　220000 字
2019 年 3 月第 1 版　2019 年 3 月第 1 次印刷
ISBN 978－7－5218－0252－8　定价：39.00 元
(图书出现印装问题，本社负责调换。电话：010－88191510)
(版权所有　侵权必究　打击盗版　举报热线：010－88191661
QQ：2242791300　　营销中心电话：010－88191537
电子邮箱：dbts@esp.com.cn)

前　言

　　本书并非逻辑统一、结构完整的学术专著，而更像一部个人作品集。从某种意义上而言，本书是本人 2016 年至 2018 年两年间在天津市首批高校智库天津商业大学现代服务业发展研究中心从事相关智库研究工作的工作总结，也是这两年间，从现代服务业发展的视角，针对天津产业经济与城市经济发展，特别是天津在京津冀协同发展中作用的发挥所撰写的部分研究报告和论文成果的汇编。

　　早在 20 世纪末期，以天津商业大学前校长刘书瀚教授为代表的研究团队就开始专注于服务经济的研究，并在这一领域取得了突出成就，在国内现代服务经济理论与政策研究领域，产生了重要的学术影响和社会影响。自 2005 年起，本人有幸进入这一团队，共同聚焦现代服务业发展研究，通过多年的努力学习和团队协作，已经逐渐成长为团队的核心成员，并一路见证了 2011 年 9 月天津商业大学现代服务业发展重点研究基地成立，2013 年 11 月建立天津商业大学现代服务业发展研究中心，2014 年 1 月，"生产性服务业"研究团队入选"十二五"天津市高等学校"创新团队培养计划"等团队建设历程的一系列重要时刻，分享着团队建设的心血和丰硕的建设成果。

　　2016 年 4 月，受团队负责人刘书瀚教授委托，本人牵头申报了首批天津市高校智库，并有幸跻身最终入围的 12 家高校智库之列，这是对天津商业大学现代服务业研究团队多年以来的长期积淀的充分肯定。团队的前期研究成果曾经得到汪洋、孙春兰等党和国家领导人的批示，然而却更侧重于理论研究和学术研究。入围天津市首批高校智库，也意味着团队的研究将转向理论与政策相结合，必须更加强化团队研究成果在区域经济发展中的应用。

在以后的两年内,天津商业大学现代服务业发展研究中心陆续承接了天津市委、天津发改委、天津市社联、天津民盟、中共海南省委、山西省大同市平城区政府、天津市红桥区政府等众多政府委托课题,进一步深化了团队研究成果,将其广泛应用于区域经济发展建设之中,取得了突出成就。作为智库的核心成员,本人也面向天津市委、天津市政府、天津社会科学联合会以及工业和信息化部等单位提交了多篇咨政报告,很多研究报告得到了上述单位的采纳,产生了重要的社会影响,也极大地支撑了天津商业大学现代服务业发展研究中心的智库建设。

作为民盟天津市委经济委员会委员,本人所撰写的一些研究报告与学术论文也得到各级民盟组织的认可,受邀稿在民盟中央刊物《群言》中针对热点经济问题和政策解读撰写多篇论文。通过民盟天津市委提交的多篇研究报告被民盟天津市委、天津市委统战部以及民盟中央采纳,充分发挥了民主党派参政议政的作用,这也是智库平台赋予我的巨大优势。

2017年底,由于工作需要,本人逐渐退出了天津商业大学现代服务业发展研究中心的相关工作,但是两年来的智库建设也使得参与地方政府的决策咨询、为各级政府提供咨政报告,成为了一种研究习惯,本人也将继续在别的工作岗位上,撰写各种咨政报告,为完善区域经济政策发声呐喊,发挥自己的一分热。

本书中的研究报告与论文全部为2016年至2018年初期间,本人在天津商业大学现代服务业发展研究中心从事智库研究所取得的成果,绝大多数报告都得到了各级政府和相关单位的采纳和认可,并被应用到天津经济发展的政策决策之中,将其汇编成册,既是对天津商业大学现代服务业发展研究中心智库建设成果的展示,也是个人在两年的智库建设工作成果的总结。

本书中所纳入的论文与报告大多围绕京津冀协同发展和天津现代服务业发展的主题而展开,同期本人所撰写的与此主题不一致的其他论文与报告并未纳入其中。尽管研究主题各有不同,但是全书基本在京津冀协同发展的视角下,以天津发展现代服务业,运用生产性服务业推进制造业体系的再造，推进区域产业协同，打造协同发展，共享发展，开放发展的区域产业价值链的思路而展开。

本书中所汇集的研究报告既包括个人成果，也有部分是集体智慧的结晶，所有涉及他人成果的报告，都已经标明参与人员的贡献。

最后，感谢天津商业大学原校长刘书瀚教授、天津商业大学社会科学处处长刘小军教授、天津商业大学研究生处副处长王玉婧教授、天津商业大学经济学院副院长李海伟教授，以及天津商业大学经济学院邵永同副教授、王文静副教授、刘立霞副教授、张炜副教授、蒙大斌副教授、李颖博士、梁辰博士、李宁博士等众多团队成员两年以来的支持，本书中的所有成果都源于你们的帮助，谢谢大家的帮助。

姜达洋

2018 年 7 月于天津商业大学

目录

第一编 天津服务经济体系建设 / 1

强化创新驱动，推进天津现代服务经济体系建设 / 3
推进天津服务经济体系建设，服务雄安新区建设 / 12
加快形成与现代化大都市地位相适应的服务经济体系研究 / 19
发挥国家会展中心战略优势，加速津南现代服务业发展 / 25

第二编 京津冀协同发展 / 29

推进"三链互动"，构建京津冀区域产业价值链 / 31
京津冀全行业创新价值链的发展与培育 / 37
加快天津西站发展，服务雄安新区建设 / 44
强化智库聚集效应，推进京津冀高校智库协作 / 49
加强政用产学研协作，构建京津冀民族产业价值链 / 56

第三编 创新型天津建设 / 59

推进柔性人才开发，打造创新引领型天津 / 61
发展人工智能促进天津制造业转型升级对策研究 / 66
我们到底需要什么样的产业政策？
　　——兼论林毅夫与张维迎关于产业政策的争议 / 73
《中国制造 2025》发展思路的根本转变 / 85
加大房地产领域供给侧改革力度 / 92
构建师德制度红线，筑牢导师权力牢笼 / 98

第四编　金融发展与现代经济建设 / 105

　　核心企业是推动互联网+供应链金融发展的关键 / 107
　　打击ICO并非比特币时代的终结 / 109
　　从野蛮入侵到文明退出
　　　　——网络借贷行业良性退出原因及其启示 / 117

第五编　营商环境与现代化城市建设 / 129

　　完善"海河英才计划"，堵死户口空挂漏洞 / 131
　　对标都市产业竞争，全面改善天津营商环境 / 136
　　加速天津营商环境建设，推进经济高质量发展
　　　　——关于部分在津企业的调研报告 / 143
　　完善容错机制是改善天津营商环境的基础工程 / 152
　　推进政采放管服改革，提升行政效率 / 155
　　加强营商环境建设，推进天津智能制造发展 / 158
　　创建文明城市需规范共享单车管理 / 160
　　加强地铁站点管理，维护天津城市形象 / 162

第六编　中美贸易争端视角下的产业升级 / 163

　　中美贸易争端倒逼中国出口结构升级 / 165
　　中国制造需构建创新驱动民族产业价值链 / 172
　　中美贸易争端：从怎么看到怎么办 / 179

第一编

天津服务经济体系建设

强化创新驱动，推进天津现代服务经济体系建设[*]

在京津冀协同发展的历史背景下，定位于全国先进制造研发基地、北方国际航运核心区、金融创新运营示范区、改革开放先行区的天津，面临着前所未有的战略机遇。新的城市定位明确了未来的天津经济发展将侧重于制造业与金融服务、物流服务等现代服务业的融合发展，借助于改革创新的政策优势，推进重点承接北京高新技术企业转移和科技成果转化，实现原有制造业的创新发展，充分发挥现代服务业对于制造业的融合改造，打造先进制造业与现代服务业的双引擎，引领未来天津经济的发展。

一、现代服务业与制造业的融合发展是未来天津经济发展的主题

近年来，天津在制造业方面已经形成了航空航天、石油化工、装备制造等八大优势支柱产业，占全市工业比重超过90%。在现代服务业领域，推动发展金融、物流、商贸、商务、科技、创意、旅游和会展八大重点产业，生产性、生活性和新兴服务业并举的产业发展新格局。

据《天津统计年鉴》（2017）显示，2015年，天津市服务业增加值占全市生产总值的比重首次超过50%，经济发展开始由制造业主导向服务业主导转变。

---

[*] 成果简介：此报告系由本人牵头执笔，提交天津市委政策研究室，并被采纳。2016年9月27日刊出于天津市委政策研究室《对策研究》（2016年第10期），提交市委领导及各部门，本报告的署名次序为：姜达洋副教授、李海伟教授、王文静副教授、邵永同副教授，刊出时有删减。

其中，批发和零售业增加值2075.14亿元，增长6.1%；金融业增加值1588.12亿元，增长11.7%；交通运输、仓储和邮政业增加值764.68亿元，增长7.7%；房地产业增加值605.42亿元，增长6.1%；住宿和餐饮业增加值245.19亿元，增长5.3%。楼宇经济稳步增长，全市税收超亿元楼宇达到170座。2015年天津港全年货物吞吐量超过5.4亿吨，在2015年全球港口货物吞吐量前十大港口排名中位列第四。

从天津近些年的产业结构发展情况来看，在京津冀区域经济中，在一定程度上，发挥了经济中心城市应有的集聚资源和辐射周边中心作用，其经济增长也开始更多依赖于服务业支撑。"十二五"以来，服务业比重明显增加，工业比重明显减小，产业结构优化调整效果显著。

然而，横向对比可以发现，2016年，天津服务经济占比52%，远落后于北京、上海、广州、深圳和香港，在区域经济中的作用发挥很可能遭遇后劲不足困境。因此，天津更应着力构建现代服务经济体系，突出发展现代金融、现代物流、科技服务、信息服务、移动端消费等现代信息技术与服务业的融合，提升服务经济的发展层次，保证天津的服务经济实力稳定增长，进而在京津冀区域发挥大都市应有的中心作用。

作为现代化大都市，如果没有雄厚的第三产业经济规模做基础，天津将很难在区域中发挥中心作用，因此政府在政策引导方面更应注重服务经济体系的建设问题。只有政府能够在服务经济发展方面给予较大政策支持，才能有更多的服务经济个体在天津市落地生根，进而推进现代服务业与制造业的融合发展，实现天津产业经济的创新发展。

二、强化创新驱动的需求引导，构建供需双向式的创新体系

2015年11月，习近平总书记在中国财经领导小组第11次会议和亚太经合组织工商领导人峰会上，两次强调加强供给侧结构性改革。李克强总理在"十三五"规划纲要编制工作会议上提出要在供给侧和需求侧两端发力，促进产业迈向中高端。在京津冀发展中，拥有最为雄厚的制造业基础的天津，更需要把握供给侧改革的大方向，通过技术密集与创新密集的现代服务经济体系的发展，推进天津先进制造业与现代服务业的融合发展，实现天津经济的创新驱动和需求拉动，引领天津经济的健康发展。

服务经济对经济增长方式的转变作用主要体现在现代服务经济对经济增长方

式的转变作用上。知识密集与技术密集的特性决定了发展现代服务业可以提高要素配置效率，同时减少资源消耗和环境破坏。信息密集的特性决定了发展现代服务业可以推动信息技术与产业的糅合发展同时改进效率低下的生产方式和组织形式，形成新的、劳动生产率较高的生产方式和组织形式，实现经济的集约型增长和服务半径的扩大。人才密集的特性决定了发展教育、文化等产业可以提高劳动力素质结构，满足由于产业结构高度化带来的大量人才需求，为经济增长提供足够的智力支持。

事实上，在供给侧结构改革概念提出之前，我国的技术创新其实已经实施了供给导向的创新引领模式。现有的科技创新往往更多地强调政产学研用的协作，突出创新人才的培养和创新机制的优化，集聚多方创新人才共同开展科技创新活动，以追求创新成果的实现。在整个创新体制中，决定创新的往往是源于创新供给的人才、经费、技术基础、创新环境和创新机制，通过创新资源在特定条件下的集聚，鼓励社会创新活动，引领社会创新潮流，推动创新成果的普遍产生。在整个技术创新过程中，决定创新成败的关键往往都是源于供给侧的创新要素的集聚。

供给侧的创新引领模式固然可以有效地鼓励社会创新发展，推动创新成果的大量产生，但是由于需求引导不足，往往导致创新成果在实践中的应用普遍滞后，甚至缺位。大量的创新成果仅仅停留在实验室而无法投入到商业化运营之中，难以实现创新行为"惊人的一跃"，这又反过来制约了社会创新的发展。也正是在这一模式的作用下，尽管联合国世界知识产权组织发布的《世界知识产权指标》年度报告披露，2015年中国专利申请数达到创记录的101万件，接近全球专利申请总量290万件的35%，遥遥领先于美国、日本、德国等制造业强国，成为全球取得专利最多的国家，然而，这些技术专利真正能够应用到中国的制造业发展的实践之中的却少之又少，这显然导致了中国本不丰裕的科技经费的极大浪费。

因此，天津的供给侧改革决不能仅仅集中于供给侧本身。供给侧的创新在集中创新资源，取得创新成果方面效率更高，但需求侧的创新引领却更具针对性，其创新成果在实践中的应用效率更高。通过发展现代服务经济体系，实现服务经济从供给侧发力，实现对于本地制造业的技术改造，集中发展专业服务、信息服务、移动端消费等重点服务产业，把创新成果嫁接到天津的服务经济体系之内，进而推进天津现代服务经济从供给侧实现对于制造业的改造，实现二者融合。

此外，天津市也可以从需求方着手，通过有针对性的政府采取政策，引领企业的创新行为，或者直接创新补助，或者税收减免等手段，以经济手段补贴企业的创新活动，发挥企业在推动技术创新中的主动性和积极性。发展一些服务业外包和财税政策改革，将能够从需求端入手，解决纯粹供给侧发力的失衡问题。

因此，天津在通过现代服务体系实现对制造业发展的创新驱动过程中，绝对不能忽视需求侧创新引领作用，通过政产学研用协同创新的供给侧创新推动和支持企业自主创新的需求侧创新拉动，构建起供需双向式的创新服务经济体系，才能够实现对于先进制造业的创新引领和创新驱动，进一步推进天津在京津冀发展中作用的发挥。

三、推进供给侧改革，优化天津服务经济发展战略

"十三五"期间，要把发展服务业作为推进天津供给侧结构性改革的战略重点，以形成与现代化大都市地位相适应的服务经济体系为目标，通过创新驱动等途径，促进生产性服务业与生活性服务业并重、现代服务业与传统服务业并举、先进制造业与生产性服务业融合发展。

（一）实现两步跨越，形成三核两中心格局

第一步（2016~2020年）全面发展消费性服务业、重点发展生产性服务业，促进产业结构优化升级。

生产性服务业是经济中心的核心要素，建设经济中心必须首先发展高水平的生产性服务业，利用天津制造业的既有优势，促进生产性服务业和先进制造业融合发展。重点发展面向第一、第二产业和服务业本身的生产性服务业，努力把现代服务业做强。为实现"一基地三区"的城市定位目标打下重要基础，打造先进制造业和现代服务业协同发展的"双引擎"，实现经济发展的"双轮驱动"效应，形成"精一优二强三"的产业格局。

第二步（2021~2030年），发挥京津冀协同发展效应，形成"三核两中心"发展新模式。

在后"十三五"期间，开始构建京津冀地区"北京—天津—滨海新区"的三核发展模式，形成强大的资源聚集力和经济辐射力，发挥京津冀协同发展的领军作用，带动、引导和促进京津冀乃至北方地区经济的腾飞。

（二）构建天津服务经济体系的6大战略重点

1. 抓住一带一路契机，通过强化便捷迅速低成本的出海口优势，建设以天津为中心辐射三北的陆运大物流圈。一是开发腹地。努力成为北京的主要出海口，鼓励天津企业到蒙古国投资，使天津成为蒙古国稳定高效的出海口。二是建设专业物流园。把产品出口和销往沿海地区的大型产品的组装环节引进天津港口加工区。三是建立低成本运送专线。尽快建设通往这些内陆地区的专线铁路，形成大物流圈的专用铁路网。

2. 发挥差异化优势，效仿香港，推进天津自贸园区改革与建设。一是基于香港模式建设自由港型自由贸易区，以此强化天津相对于其他经济中心的差异性优势。二是基于建设北方经济中心的目标，做足自贸区文章，实现中央对天津定位。

3. 挖掘、整合天津旅游资源，打造特色旅游，加快文化产业发展，培育新的经济增长亮点，推进美丽天津战略。巩固天津最早开发工业旅游的国家工业旅游示范点；发展利用目前初具规模的工业旅游点；同时开发不同主题的特色工业旅游产品，推动工业旅游由单个企业向整个产业延伸。重新规划整修五大道等旧租界地，打造"租界地经济"。开发高端旅游产业，建立高端旅游总部。积极使在天津成名的外地品牌落户天津，积极鼓励天津文化企业购买世界大文化品牌借力发展。

4. 利用既有制造业优势和IT平台，推动天津"工业4.0"建设和信息服务业发展，促进天津制造业的服务化，打造智慧天津。紧紧抓住中新天津生态城和津南新城区入选首批国家智慧城区试点的机遇，推进智慧城市规划，带动智慧天津建设。围绕智慧产业、智慧社区、智慧交通、智慧电网、智慧医疗、智慧安居、智慧楼宇等领域开展试点示范，逐步在天津全市推广应用。

5. 靠技术生力军嵌入并逐步攀登国际产业价值链，实现产业集聚和优化升级。出台"天津'链式创新'产业政策"。以滨海新区为主要制造业基地，以市区为北京连接点和生产性服务业发展中心，以"小巨人"企业为主力军，进行天津产业组织再规划。逐步使越来越多的"小巨人"集聚"大项目"，嵌入并逐步进入国际产业价值链的高端。

6. 通过科技服务体制机制创新，推进科技强市战略。培养引进高级工程师队伍，应用性人才培养高校实施教授工程师一体化；培育一批具有技术评估能力、市场预测能力和依法运作能力的技术成果交易开发平台；加大地方科技开发项目由企业申报立项比重，根据产业化达标程度审查结项。

四、推进天津现代服务经济体系建设的政策构思

（一）建立服务质量体系标准

天津现代服务业的发展不仅要解决总量不足的问题，更要解决质量不高的问题。应加强服务质量工作的统筹协调，由天津市质检部门着力开展服务业质量管理制度和模式研究，探索建立具有天津特色的服务业质量体系，做好综合协调、统筹规划，推动天津市服务业行业主管部门强化服务质量监管，研究解决和协调处理重大质量问题。开展重点行业满意度统计监测，建立部门通报和社会公开制度，加强服务质量测评指标和方法研究，建立服务质量综合评价体系。

要积极培育企业在标准化工作中的主体意识，形成以企业为主体参与现代服务业标准化工作的新机制。在重点服务业领域开展"质量提升"活动，建立服务质量标杆对比数据库，遴选和公布一批服务标杆，引导服务企业开展标杆比对，总结推广服务标杆单位优秀服务模式，建立面向社会的服务质量提升公共平台，引导企业运用先进质量管理方法，不断提高服务能力和服务水平。

（二）加快探索服务业扶持政策

抓住国家现代服务业综合试点等各类试点的契机，在天津服务业各领域、各环节，多方位开展综合改革试点，尤其要在服务业关键领域和薄弱环节进行管理体制改革，推进技术进步、加速机制创新。积极借鉴国家服务业各类改革试点示范效应，探索突破制约天津服务业发展体制机制瓶颈。以高新技术产业园区等为依托，在生产性服务业、新兴服务业、科技服务业等领域，认定一批现代服务业产业化基地，推进现代服务业聚集发展。积极支持现代服务业产业化基地，提高基地在关键技术创新、产品研发、产业链协同能力，改善基础设施和政策环境，引导产业集聚，在促进自主知识产权、民族品牌和技术标准的形成等方面发挥引领作用。以基地为依托，探索建立现代服务业科技创新联盟，开展行业共性关键技术研究。

以提高创新能力，提升创新水平为目标，选择一批具有一定规模、创新性

强、处于行业领军地位的现代服务企业开展示范工作，充分发挥示范企业在技术创新和模式创新的带动作用。积极支持示范企业提升技术创新和模式创新能力，形成以示范企业为核心，中小企业协同发展的现代服务企业集群，打造具有国际影响力的服务品牌。

整合支持一批技术、经济、管理等方面力量相融合的现代服务业综合研究机构，持续开展天津现代服务业相关发展战略和政策研究，明确天津现代服务业前瞻性、战略性、全局性发展方向与重点，为天津制定积极的现代服务业创新发展政策提供科学的依据，提升战略研究能力。加大研发投入力度，深化产学研合作，以满足市场需求和加快服务集成为重点进行各类技术创新，努力掌握核心技术和自主知识产权。对符合条件的服务业企业的技术创新，给予奖励或税收减免等政策支持。

（三）不断深化服务业财税制度改革

加大天津市、区（县）两级财政投入力度，尝试建立天津服务业发展引导和扶持基金，综合运用资本金注入、贷款贴息、融资担保和成果奖励等多种方式，增加对服务业人才培养、研发设计、技术引进、市场开拓、新兴服务业孵化器等方面的资金投入。在天津探索设立战略性新兴产业发展特别资金，实施高技术服务业专项工程。在各种政府采购项目中，增加购买服务力度，将研究咨询、业务培训、会议服务、信息管理、投资促进、检验检测等多种服务内容纳入政府采购范围。制定服务业财政投入规划和制度，每年按GDP的百分比确定财政预算，使天津现代服务业发展的财政资金投入制度化、规范化，为服务业可持续发展提供稳定的政策支撑。

探索服务业税制改革，研究支持天津新兴服务业和生产性服务业发展的税收政策。完善有利于现代服务业发展的税收政策，结合营业税改征增值税试点，逐步扩大增值税征收范围。优先解决现代服务业发展面临的重复征税和税费歧视问题，并使其相关联的上下游产业享受到"营改增"带来的减税效应。利用税收杠杆，逐步将现代服务业全部纳入增值税征收范围，推动现代服务业从制造业中分离出来，促进市场分工和服务外包，形成服务业与制造业的良性互动。合理调整消费税征收范围、税率结构和征收环节。研究扩大部分服务业企业营业税差额征税范围，完善征税办法。

（四）创新金融支持方式

优化天津金融生态环境，积极打造支持天津服务业加快发展的金融服务平台。积极鼓励和支持金融机构根据服务业企业不同生产周期、市场特征和资金需求，创新信贷业务产品，实现金融服务专业化、特色化和多样化。对信誉度高、资产质量良好的成长型服务业企业，可采取公开统一授信的方式，适度扩大授信额度，积极推行仓单质押、订单融资和对公客户活期存款账户透支等特定资产项下信贷业务品种，支持其做大做强；对信誉良好、收益稳定的服务业企业，可适度发放企业主创业贷款或提供具有一定透支额度的贷记卡等金融服务。对市场波动幅度较大的服务业企业，可采取法定代表人或自然人财产抵押质押的方式提供可循环使用的信贷资金额度扶持。

鼓励天津金融机构在多领域开发适应现代服务业发展的金融产品，为现代服务业企业提供融资咨询、项目评估、融资设计等特色服务。引导金融机构适应金融市场的发展趋势，研究服务企业个性化信贷需求特征，加快开发面向服务企业的多元化、多层次信贷产品。鼓励商业银行大力发展针对现代服务企业客户的电子银行业务，优化对现代服务企业的结算服务，提高其资金运转效率。针对天津许多现代服务企业资产主要以应收账款为主的特点，允许现代服务企业灵活采取应收账款质押、股权和经营权质押、专利质押、知识产权质押等多种形式的短期质押、担保贷款。积极探索投融资改革的新路子，建立投资、信贷之间相互融合、相互协调的新机制。

进一步完善信贷政策，鼓励商业银行研发支持天津现代服务业发展的新型金融产品。如对具有一定还贷能力的技术开发项目和城市环保项目，逐步探索开办以项目收益权或收费权为质押的贷款业务，促进公共服务业加快发展。根据现代服务行业短期流动资金需求频繁的特点，鼓励商业银行积极开办中短期流动资金贷款；加快培育现代服务业信用评级市场，继续推进各类现代服务业企业担保机构发展。

大力发展直接融资，努力拓宽天津现代服务业融资渠道。基于现代服务企业普遍存在资产规模较小、行业风险较大的特点，探索研发现代服务业企业联合债券、应收账款资产支持债券等新型直接融资工具。完善中小企业债券信用评级制度和信用担保制度，积极支持经营效益好、偿还能力强、成长性好的中小现代服务企业集合发行短期融资券，降低企业财务成本。

适应国际产业发展的潮流,积极发展各种新型产业投资基金,为天津现代服务业加速发展提供融资服务。积极发展各种风险资本,支持中小型高新技术现代服务业发展。稳步建立一些现代服务业战略性项目发展基金,为文化、教育、医疗和体育等公共现代服务业提供融资政策支持。

推进天津服务经济体系建设，服务雄安新区建设[*]

一、导言

自2017年4月1日，雄安新区发展战略横空出世，建设雄安新区已经成为京津冀协同发展的核心任务，它也将成为引领京津冀产业发展与政策协调重中之重。如何发挥天津自身的产业优势，服务雄安新区建设，推进区域产业协调也成为摆在天津面前的一个重要任务。

目前雄安新区建设仍在稳步推进之中，其战略重点仍是京津冀产业资源的重新整合，强调通过京津两大区域中心城市的输血，在河北腹部的经济洼地，再造一个区域中心，其发展战略与之前深圳、浦东，乃至滨海新区的创建与发展，似乎并无本质区别。众多央企和行业龙头企业纷纷迁往雄安也正反映了这种政策导向下的资源虹吸效应。

作为千年大计的雄安新区的建设，绝不可能简单地复制以往的发展道路，建设绿色生态宜居新城区、创新驱动发展引领区、协调发展示范区、开放发展先行区，必然需要雄安新区摆脱现有资源束缚，走出一条创新发展、协调发展、绿色发展、开放发展和共享发展的新路。因此，克服对北京经济资源疏解的依赖心理，培育自身经济发展的新动能，必将成为雄安新区战略选择的核心。

---

[*] 成果介绍：本报告是由本人主持的2017年天津市重点调研课题"加快形成与现代化大都市地位相适应的服务经济体系研究"（17-22）中期成果，本课题2017年10月下达，2018年3月顺利结项。

拥有滨海新区的强大制造业基础的天津，已经初步形成了相对完整的区域产业价值链，把握人工智能的焦点，推进自身服务业与制造业的融合，以雄安新区为中心，进一步利用社会分工和市场交易，推进区域产业协同，建立起相对完整，相对健全的服务经济体系，必将能够为雄安新区的建设，做出巨大的贡献。

二、雄安新区从输血到造血的发展轨迹

在雄安新区建设初期，通过承接北京非首都功能转移，利用自身的政策优势，吸引众多国有企业，或知名企业集团入驻，快速建立起夯实的经济基础，加速自身的基础设施建设，从而确定具有一定区域影响力的经济中心地位，辐射更为广阔的河北腹部，实现京津冀经济的协调发展，的确是快速推进雄安新区建设的捷径。

然后，这种建立在资源的重新整合思路上的经济发展模式，注定只能是一种零和博弈，其发展反而会稀释京津冀其他区域所获得的资源规模，这也正是在雄安新区战略提出之初，很多人开始质疑曾经扮演起区域经济发展驱动力的滨海新区还能走多远的原因所在。

如果把雄安新区与滨海新区视为相互竞争，相互矛盾，甚至冲突的竞争境地之中，甚至使得北京、天津与雄安新区成为彼此对立的区域三大经济中心的话，显然与习近平总书记所倡导的京津冀三地走出"一亩三分地"的狭隘思想，实现创新发展、协同发展、绿色发展、共享发展和开放发展的新发展理念所矛盾，也无法实现雄安新区设立之初，党中央所设想的实现雄安新区走出一条新颖的经济发展模式的创新道路的初衷。

对于雄安新区而言，把握政策优势，吸引资源注入只能是雄安新区设立之初的阶段性任务，而绝非其根本成长道路。授人以鱼不如授人以渔，单纯的"等靠要"，无法帮助雄安新区充当起区域经济发展的核心动力，只有在五大发展理念的指引下，与当前的区域中心城市，北京与天津形成更加协调，稳定的协作关系，发展产业协同与经济协作，优化区域资源配置，提升经济资源利用效率，才能够保证雄安新区的稳定，健康发展。

在吸引区域资源注入之时，当前似乎更多关注于雄安新区与北京之间的资源整合与经济协同，作为同区域的另一经济中心城市天津对于雄安新区的贡献，却更多地被漠视。而事实上，在我国经济更加强调脱虚向实，发展实体经济的今天，相较于以金融和信息技术产业为核心的北京，拥有相对完善的制造业产业体系的天津，

在进行产业链输出，推进区域产业协同，支持雄安新区建设方面，拥有更大的优势，而进一步完善天津现代服务体系建设，推进生产性服务业与制造业的融合发展、协调发展，提升区域产业价值链，将是天津对接雄安新区发展的必然选择。

三、对接滨海新区高端产业价值链

对于雄安新区而言，培育自身创新发展的新动能，占据并统领具有创新驱动发展特征的本地产业价值链势在必行。在自身产业结构低下的今天，雄安新区绝不可能单纯凭借央企的经济资源的持续投入，而凭空创建出自身的产业价值链。而更应该尝试在政府创新政策的引导下，通过承接北京、天津的创新产业价值链的若干环节，嵌入更为高端的产业价值链的低端环节，并通过集聚创新人才，引领自身的产业结构升级，加速实现从区域产业链的参与者到主导者的转变，真正培育出具有雄安特色的新型创新产业价值链，从而实现自身经济的创新驱动。

对于雄安新区而言，自身的产业创新体系的建立，可以通过服务外包，承接北京的现代信息技术产业的研发、运营与营销业务；可以通过价值链引领，承接天津滨海新区的航空航天、生物制药、新能源等高端制造业的上游环节，为其提供原材料的试制，加工与研发服务；也可以现代信息技术为核心，借助于大数据的力量，构建以雄安为核心的物联网体系，服务京津冀发展，无论选择什么样的产业创新道路，雄安模式的核心都在于围绕雄安经济体系，构建协调发展的京津冀现代服务体系。

在上述产业的发展之初，如果通过行政的力量，直接占据产业链核心环节，只会由于雄安自身创新资源的不足，而导致其产业链的培育陷入瓶颈，特别是在同区域内，北京和天津已经形成具有自身特色的发达产业价值链的同时，通过产业转移而建立起来的雄安新区产业价值链是很难直接与之竞争而成长壮大起来的。

雄安的产业发展只能以京津冀整体的服务经济体系的真实需要为中心，围绕信息技术基础和公共教育体系做好文章，打造高效的交通运输网络，以培育更加有利于创新经济资源集聚和现代工业发展的创新环境。

雄安新区必须认识到自身产业基础的不足，首先放低身段，认识到京津已经牢牢占据现代产业价值链高端的客观现实，通过吸引与培育创新产业资源，以京津的实体经济为服务对象，发展创新服务产业，更为紧密地对接京津高端产业价值链，发展更具创新能力的新兴经济，淘汰现有的落后产能，进而培育具有自身特色和创新能力的本地产业价值链，夯实雄安新区的经济基础，真正培育出引领雄安新区发展的新动能。

四、滨海新区价值链输出的机遇

单从支持雄安新区构建强大的、创新驱动的产业价值链而言，北京引以为傲的金融业和现代信息技术产业，对于产业结构低下、人才聚集不足的雄安而言，其对接难度极大。而且作为生产性服务业，只有在建立起强大的实体经济体系之后，金融与现代信息技术产业才能够充分发挥其经济引领作用，因此，从建设雄安新区而言，真正需要被提上日程的，只能是引入具有更强大创新驱动力的高端制造业，这恰恰是天津的优势所在。

经过"十二五""十三五"的飞跃发展，天津已经建立起以航空航天、装备制造、石油化工、电子信息、生物医药、新能源新材料、轻纺、国防科技等八大支柱产业，并通过发展上下游产业和服务，逐渐形成了具有自身特色的区域产业价值链，这也成为了带动起滨海新区，乃至天津经济发展的重要动力。

与金融、信息技术等生产性服务业需要依托于强大的制造业体系不同，天津所主导的区域产业价值链完全可以通过深化创新，推动产品创新与技术创新，进一步向产业链两端延伸，拓展其产业附加值，通过产品外包与服务外包，甚至是贴牌生产、特许经营等模式，将价值链的部分环节向区域内更为广阔的范围拓展，进一步发挥经济的辐射能力，而这恰恰是尚处于高端产业空白阶段的雄安新区所需要的。

天津完全可以充分发挥其在高端制造业领域的优势，借助于国家建设雄安新区的东风，通过政策引导一些支柱性企业，将上下游的一些中间产品的加工制造服务、支持性服务的供应转至雄安新区，甚至选择到雄安新区设立分厂，从而把自身的服务经济体拓展至以雄安新区为中心的京津冀腹部，支持雄安新区建设，实现其对天津高端产业价值链的对接，帮助雄安新区与天津区建立起紧密的产业网络，从而支持雄安新区淘汰落后产业，创立创新驱动的新兴产业基础，同时也能够分享雄安新区建设的政策红利。

五、智能化是京津冀产业协同的关键

随着现代信息技术的发展，人工智能与大数据已经被广泛应用到现代产业发展之中，京津冀三地的"十三五"规划也都把人工智能确定为本地产业发展的重点工作。得益于全国最为集中的高校、研究所的集聚，北京在人工智能的研究与应用中，已经走在全国各省区市的前列。借助于首届世界智能大会的春风，赛迪－泰达国家智能制造产业示范园区的设立，也开启了天津探索人工智能的发展道路。面向现有重化工业的产业升级需要，河北廊坊、唐山、秦皇岛等地的特种机器人产业已经初见雏形，在国内产生了重要的影响。

人工智能的发展，其实正是现代产业运用现代信息通讯技术，对于传统产业的互联网＋改造的过程，也是现代服务业与传统产业的融合发展的过程，它也是现代产业体系服务化、智能化和柔性化的集中体现。要想构建京津冀协同发展的服务经济体系，首先也必须在智能产业化方面做好文章，推进三省市的人工智能的差异化发展和协调化分工。

尽管作为全国政治中心、文化中心、国际交往中心和科技创新中心的北京，在智能创造方面拥有其他省市难以比拟的人才优势和产业优势，科技创新中心的定位也突出其在人工智能的研究与应用中的突出地位。但是拥有京津冀最为密集的人口密度的北京，分解城市发展的压力、疏解非首都功能、提升人民的幸福指数，将是未来产业发展的核心任务。随着高校、科研机构向雄安等地的转移，其科技研发功能也将逐步弱化，而将人工智能更广泛应用到人民生活，发展智能生活。在现代服务体系中，强化生活性服务业发展，以体验经济和发展大型商务综合体引领区域服务业发展，将成为北京产业发展特别是服务业智能化改造的根本方向。

志在打造一区三基地的天津，得益于多年来，滨海新区开发开放的发展，已经建立起相对夯实的制造业基础，面向打造全国先进制造研发基地的目标，更适宜以泰达智能产业园为核心，围绕智能无人装备、人工智能、云计算、物联网、加速发展大智能产业集聚区，把人工智能广泛应用到制造业生产与设计过程之中，实现智能制造，打造区域特色的智造基地，推进信息技术对于制造业的互联网＋改造。

借助于雄安新区承接北京非首都功能的政策优势，广泛吸收北京的智能人才和研发机构转移，围绕河北传统的重化工业的信息化、智能化改造，发展人工智能的研发、设计与中试，并积极推进金融创新，积极引用外资风险投资基金，建立健全服务智能创造的金融支持体系，以智能化与金融化为突破口，发展智能服务产业，引领河北服务经济体系的发展。

通过京津冀三地在智能生活、智能制造与智能服务三个不同层面的协同发展，围绕智能化与协调化，发展京津冀现代服务经济体系，以产业价值链为介质,持续深化三地在现代经济发展中的合作,这也将成为京津冀产业协同的关键所在。

六、建设与现代化大都市地位相适应的现代服务经济体系

作为北方经济中心,长期以来,天津经济始终在京津冀产业协同中扮演着极为重要的作用。滨海新区的开发开放,更让天津把握政策红利,围绕以丰田汽车、空中客车等世界知名制造业跨国公司,建立起相对发达的区域产业体系,实现了经济的持续、高速增长。

然而,天津经济的区域辐射力的提升却极大受困于外资企业所主导的天津产业体系,其中间产品或服务的供应往往限定于企业集团内部或邻近区域,跨区域的经济协作与市场培育却发展缓慢,甚至天津城区与滨海新区之间都没能形成稳固、协调的经济合作关系,区域经济中心的作用无从发挥,这才是中央推出建设雄安新区战略的根本原因。

要真正发挥经济中心城市的职能,需要充分发挥滨海新区制造业优势,以人工智能和大数据发展为核心,加速滨海新区制造业的信息服务发展,以无人驾驶和物联网为工作重点,培育高效、协调的京津冀物流体系,发挥自贸区与自创区政策优势,实现体验经济与电子商务的无缝衔接,提升人民的幸福水准。

作为京津冀腹地的雄安新区最为紧迫的任务就是建立起创新驱动的新兴经济模式,培育新的经济增长点,为京津冀协同发展开辟一条新路,现有的发展思路更多的集中于承接北京的非首都功能的分解,然而,事实上,由于经济发展水平的低下,无论是承接央企总部的迁移,或者高校、研究所乃至部分政府职能部门的转移,雄安都会面临着创新人才集聚不足、创新氛围不够、产业支撑不足、经济配套设施不齐全等困境,只有制造业基础更为雄厚的滨海新区才能够为雄安新区早期的产业发展提供最需要的产业转移和经济支撑,这是天津特有的优势,也为天津的未来发展提供了巨大的机遇。

如果能够通过价值链输出的方式,把雄安新区的产业发展纳入天津所主导的区域产业价值链体系,那么未来京津冀的协同发展中,天津就能获得更大的话语权,从而掌握区域产业竞争的主动。即使这种价值链的主导仅仅限于雄安新区的开发开放的早期,从雄安新区目前的产业空白来看,其真正能够建立起属于独立的创新区域产业价值链也至少需要十五年至二十年的时间。在这段时间内,滨海新区选择主动地向雄安新区推行价值链输出,也能够为天津赢得更多地缓冲空间

和时间，更多地掌握京津冀竞争的主动权，并在雄安新区建立起强大的产业基础之后，通过区域价值链的分割，使其能够形成与滨海新区协调互补的协同发展格局。

从区域经济发展来看，扶持雄安的高端制造业发展的确会对未来的天津产业发展形成巨大的竞争压力。然而，作为千年大计的雄安的崛起，将在未来相当长一段时间内，成为我国经济发展的主题，其发展高端高新产业，实现创新驱动发展也将是历史的潮流，与其对抗潮流，不如主动迎合这种历史的必然。如果天津可以通过价值链输出的方式，成为帮助雄安建立起完整的新兴产业体系的经济主体，从而把雄安的创新发展与滨海新区牢牢锁定在一起，就能够把滨海新区的创新发展，变为开发建设雄安的千年大计的一部分，从而得以分享雄安新区的众多政策红利，自然可以为天津的未来发展提供更为充分的动力来源，也将为未来天津经济提供新的发展思路。

加快形成与现代化大都市地位相适应的服务经济体系研究[*]

随着京津冀协同发展的持续推进，曾经定位为北方经济中心的天津，面临着在区域范围内重新定位的艰难选择。事实上，天津的"一基地三区"的最新定位，基本可以涵盖传统的北方经济中心的城市职能，金融创新运营示范区和改革开放先行区的新提法更在经济改革与制度创新方面，赋予了天津更大的自由度。然而，随着雄安新区建设战略的提出，京津冀区域发展必将面临重新洗牌，特别是曾经引领天津经济增长的滨海新区的政策红利将被蚕食殆尽，如何在新的发展思维下，推进滨海新区的产业结构转型，提升天津在京津冀区域内的经济竞争力，也将成为推行天津经济发展亟待解决的难题。而建立与现代化大都市相适应的服务经济体系，正是解决当前这一难题的思路所在。

一、天津的经济结构现状

"十三五"开局之年，在新的发展理念的指导下，天津积极推进经济新常态，国民经济保持了稳定增长。天津市统计局网站显示，2016年全市完成GDP 17885.39亿元，其中，第一产业增加值220.22亿元，增长3.0%；第二产业增加值8003.87亿元，增长8.0%；第三产业增加值9661.30亿元，增长10.0%。三次产业结构为1.2∶44.8∶54.0。

---

[*] 成果介绍：本报告是由本人主持的2017年天津市重点调研课题"加快形成与现代化大都市地位相适应的服务经济体系研究"（17-22）结项报告，本课题2017年10月下达，2018年3月顺利结项。

2017年，受困于传统制造业的经济增长动能减弱，天津经济面临较大的下行压力，前三季度实现GDP13449.50亿元，同比增长6%。其中第一产业增加值140.38亿元，增长2.9%，第二产业增加值5128.49亿元，增长下落至3.2%，第三产业增加值8180.63亿元，仍然保持8.5%的增长速度。三次产业结构调整为1.0∶38.2∶60.8。制造业的增长乏力已经成为天津经济下行的主要原因。

对于定位为全国先进制造研发基地的天津而言，得益于摩托罗拉、丰田汽车和空中客车等外资制造业巨头的入驻，滨海新区已经奠定了夯实的制造业基础。在"十二五"期间，建立起的以航空航天、石油化工、装备制造、电子信息等八大支柱产业的产值总量对于全市制造业增加值的贡献率已经超过90%，成为引领天津制造业，乃至天津经济发展的核心驱动力。

尽管"十二五"期间，天津的产业结构持续优化，制造业占比从改革开放初期超过70%，首次跌破50%，并于2017年前三季度跌破40%，服务经济在天津经济增长中的贡献率持续上升，然而，与京沪等大都市相比，仍然存在明显的差距。2017年前三季度，北京市第三产业增加值为16053.3亿元，接近天津服务业产值的两倍，经济贡献率超过82%，上海市第三产业增加值为14903.18亿元，经济贡献率超过68.94%。而作为全球都市经济杰出代表的纽约，其服务业的就业人口超过95%，服务业产值占GDP的比重接近93%。[1]

要想真正建成与自身地位相适应的现代化大都市，天津必须构建服务经济体系，加速自身服务业的跨越式发展。如果天津把经济发展的希望完全寄予制造业为主体的战略性新兴产业，扭曲了大都市经济发展的一般规律，自然也就难以承担起之前规划所设想的北方经济中心之引领区域经济发展的重任了。

二、天津城市新定位与天津服务经济体系

如果单从天津的城市定位来看，全国先进制造研发基地基本可以对应上以先进制造业为核心的北方经济中心的原定位，北方国际航运核心区可以对应上《天津市城市总体规划（2005—2020）》中的国际港口城市。然而，天津的城市定位的修订绝非简单的字面表达的调整，更反映了服务经济在天津产业经济发展中地位的提升。

根据现代经济发展的一般规律，伴随着区域经济的发展，经济资源将会在地

---

[1] 数据来源于北京、天津、上海统计局网站。

理位置上产生明显的集聚，进而形成具有链状结构的区域产业价值链，通过市场作用，联结起区域范围内的众多微观企业主体，以此把它们纳入一个统一的区域产业体系，从而形成区域经济的凝聚力和向心力，更多的企业被俘获其中，成为区域经济系统的一个有机的组成部分，以此实现区域内的产业协同发展，进而推进区域经济的持续增长。而在上述的区域范围的经济增长过程中，经济资源特别是人口在特定区域的集中，也就形成了区域经济中心，从而实现了城市化，在这过程中，制造业往往更加容易形成上下游之间稳定的价值链协作，因此，每个大都市发展的早期，往往都伴随着制造业的持续发展，这也是改革开放以来，天津经济增长的主体思路。

然而，在大都市经济圈的发展中，纯粹的制造业的集聚已经无法满足现代产业经济发展的需要，现代化的产业集聚更多地表现为制造业，以及与之相匹配的服务业，特别是生产性服务业在空间上的集聚发展。

自19世纪末，第二次工业革命以后，西方国家的工业化与城市化表现出完全不同于此前的特征，城市化进入了第二阶段，制造业的产值与从业人口在城市中的地位持续下降，而服务业，特别是为制造业发展提供专业化服务的生产性服务业的增加值与就业人口却表现出明显的上升态势。在欧美等国家的工业化进程中，为制造业发展提供融资、物流、信息服务的相关生产性服务业在国民经济中的地位持续提升。金融中心、物流中心、信息中心等城市群的崛起，也推动了制造业的二次腾飞，而制造业恰恰为相关生产性服务业的发展了提供了持续的动力。

在"十三五"之前，由于天津过多把目光聚焦制造业，强调战略性新兴产业的发展，服务业对制造业的改造并不充足，因此，引入的制造业更多集中于经济附加值偏低的加工装配环节，即使是像空中客车这样的战略性新兴产业，由于外企掌控价值链，甚至配置零部件的生产也完全落于外资配套厂商手中，本土企业只能被限制在高端产业的低端环节，对于价值链的俘获不足，从而极大地影响了天津高端制造业在京津冀范围内的经济辐射力，更阻碍了北方经济中心城市的城市定位的实现。

全国先进制造研发基地的新定位表明天津已经不再满足于纯粹的高端制造业的加工装配，着重强调研发等生产性服务业对于现代制造业的产业价值链的延展与改造，突出于现代服务经济与制造业的融合发展，这也是中央进一步明确天津制造业发展方向所做的重大战略选择。同样，港口城市仅仅突出于天津拥有天津港的自然优势，而国际航运核心区更加突出于利用港口优势，发展航运物流服务，并将其作为城市经济发展的重点产业和核心驱动力，结合自贸区带来的政策优势，更能够进一步推进区域产业结构调整。

随着雄安新区的建立，北京非首都功能和经济资源将更多向河北腹地的雄安新区转移，滨海新区的发展也将面临更大的政策压力。如果仍然紧盯自身的制造业发展，把目光聚焦在制造业内部的区域分工，而无法深度融入京津冀协同发展的大局之中，无论滨海新区，还是天津的未来经济发展都会步履艰难。

因此，天津城市定位的调整最核心的思想在于摆脱了对自身资源禀赋的依赖，更加突出现代服务业在天津产业发展中的地位，而实现这一最新定位的关键就在于建立与现代化大都市地位相适应的服务经济体系，加速天津服务业与现有制造业的深度融合，推进服务产业价值链输出，积极投身雄安新区建设，分享政策红利，以开放、融合、共享的心态，促进京津冀产业的协调发展与创新发展。

三、天津建立服务经济体系的策略选择

"一基地三区"的最新定位绝非对于2009年颁布的《天津市城市总体规划（2005-2020）》中的"国际港口城市、北方经济中心和生态城市"的字面修改，它更代表着天津加快现代服务经济体系建设、加速产业融合发展、推进产业结构优化升级的战略选择。伴随着雄安新区建设战略的推出，天津更需要拥有历史的使命感和紧迫感，加快形成与现代化大都市地位相适应的服务经济体系的建设步伐。

首先，突出生产性服务业在天津服务经济体系中的核心地位。次贷危机和欧债危机已经充分揭示了虚拟经济的不稳定性，中国经济要脱虚向实，必然离不开制造业的强大。作为传统的制造业基地，天津在京津冀区域的优势正在于滨海新区长期以来所建立起八大支柱产业为核心的夯实制造业基础。尽管随着现代经济的发展，服务业在大都市的比重将会持续上升，但是未来天津的经济仍然将以制造业为核心而展开，只是必须以《中国制造2025》为指导，通过生产性服务业拓展，改造传统制造业，实现天津制造业的智能化，精细化和柔性化，大力推进天津的智能制造与精密制造的发展，

生活性服务业的稳定发展是保障天津人民分享经济增长果实、提升人民幸福指数的关键所在。天津市坚实的制造业基础及发达的生产性服务业为居民提供了更高的收入水平，从而保证了巨大的消费能力。大都市生活性服务也会朝着更为专业、更具技术内涵的高层次发展。未来天津更需要支持商业综合体建设，推进生活性服务业的差异化、集成化、智能化改造，以满足市民多样化的服务需求，

加速创新人才的都市集聚效应,为天津未来的发展集聚人才、吸引人流、创造人气、发展人脉。

进一步加强公共服务建设,补齐城市功能短板。在现代都市发展中,道路、公共交通、教育、养老等公共服务往往成为困扰城市发展的大都市病的根源。天津更需大力加速公共服务市场化改革,引入市场力量补齐政府资源不足的短板,规范发展PPP,创新公共服务模式,建立起发达的现代服务经济体系。

四、推进天津服务经济体系建设的战略重点

要真正建立起与现代化大都市地位相适应的现代服务经济体系,天津就必须实现生产性服务业、生活性服务业、公共服务业的协调发展、均衡发展。围绕以下六大战略做好文章,推进天津服务经济体系的健康发展。

1. 发展智能制造是现代服务经济与天津制造业融合发展的集中体现。天津可以人工智能和大数据为突破口,围绕无人机、机器人、智能设备、高性能计算机等重点产品,开展协同攻关,打造先进制造研发的拳头产品,将制造业产业价值链向两端拓展,提升天津产品的技术附加值,实现制造业的创新发展与开放发展。将互联网技术与深度学习能力引入制造生产,积极扶持中小企业的智能升级,打造高水平的智能创新平台,提升天津制造业的产业结构与技术能力。

2. 围绕市区的洋楼经济,推进制造业、旅游业、文化创意业的深度融合,发展精密制造、极致制造和工业旅游。在市区小洋楼旅游资源中,引进"德国工业4.0""极限制造"概念和瑞士手表精准生产工艺,聚集、建立和发展精细化制造业。筹建精密制造产业园区,并配备大型"精密制造会展中心",对国内外实体经济成果和高端精密产品进行展示和交易,展现天津制造风范。实施"互联网产业组织创新",以产品设计为主线,以产品质量优势为目标,以互联网为媒介,把具有不同比较优势企业的优势整合在一条产业链上,造就高端产品实体生产线,创出新的更高水平的价值链。

3. 围绕服务实体经济,深化金融改革,建立普惠金融体系。针对制造业企业,推进金融服务创新,实现产融结合,健全金融服务平台建设。高度重视和持续改进对制造强市建设的金融支持和服务,创新发展符合制造业特点的信贷管理体制和金融产品体系。依托金融创新运营示范区优势,推进互联网金融在中小企业融资方面的优势,防控金融风险。同时,依托产业价值链,由天津龙头制造业企业联合金融机构,组建互联网+供应链金融,进一步优化产业链资源。

4. 以规划中的津雄铁路与天津港作为两大支点，加速北方国际航运核心区建设。加强交通基础设施建设，增强天津自贸区口岸服务对京冀地区的辐射功能，推动京津冀海关区域通关一体化。依托亚欧大陆桥连接功能，完善多式联运体系，增强对沿线国家及地区转口贸易服务功能。以跨境电商和冷链物流为天津现代物流发展的主导方向，全力推进物联网建设，通过移动互联实现天津制造的线上线下互动发展，培育本土制造业企业的自主创新能力，打造天津制造的品牌特色，实现天津制造业的服务业改造。

5. 发展楼宇经济、总部经济，优化生活性服务业的区域分布。推进城市商业综合体建设，积极鼓励生活性服务业企业总部集聚发展，鼓励运用互联网思维，实现不同生活性服务业产业的模块化整合，提升民众生活性服务品质。同时，将就业层次偏低、技术附加值不高的商贸、物流、家政等生活性服务业向城市周边扩散，实现生活性服务业总部管理与运营管理的分离化运营，打通生活性服务业的线上线下通道，实现生活性服务业的共享发展与创新发展，在不增加城市负载力的情况下，提升人民生活的便捷程度，让市民分享城市发展的果实。

6. 加速公共服务领域的制度创新，推进公共服务的集聚发展。加大市、区（县）两级财政投入力度，尝试建立天津服务业发展引导和扶持基金，综合运用资本金注入、贷款贴息、融资担保和成果奖励等多种方式，增加对服务业人才培养、研发设计、技术引进、市场开拓、新兴服务业孵化器等方面的资金投入。在天津探索设立战略性新兴产业发展特别资金，实施高技术服务业专项工程。在各种政府采购项目中，增加购买服务力度，将研究咨询、业务培训、会议服务、信息管理、投资促进、检验检测等多种服务内容纳入政府采购范围。推进天津现代服务业发展的财政资金投入制度化、规范化，为服务业可持续发展提供稳定的政策支撑。引导社会资金进入民办教育服务，监督规范民营医疗健康服务，积极发展商业化休闲养老服务。以津味文化、海河文化和民国文化为依托，推进文化旅游产业发展，打造城市名片。

发挥国家会展中心战略优势，加速津南现代服务业发展[*]

天津必须牢牢把握天津制造业的既有优势，实现生产性服务业与制造业的融合发展、创新发展，建立起与国际化大都市相适应的现代服务经济体系，实现天津经济的高质量增长。一个具有强大国际竞争力的大都市离不开发达的会展产业的产业支持，会展产业能够加速整合区域生产、营销资源，成为区域经济的重要驱动力。而大数据、人工智能、物联网等现代技术在会展产业中的广泛应用，又将进一步推进区域产业链重构，提升区域创新能力。正是基于这一思想，津南国家会展中心才应运而生。

天津国家会展中心项目总投资175亿元，总建筑面积134万平方米，展馆面积40万平方米，综合配套31.7万平方米。项目建成后，将在承接北京非首都功能疏解、推进供给侧结构性改革、促进经济高质量发展、助力天津市构建开放型经济新体制等方面发挥重要作用，同时将直接带动津南区现代服务业的转型升级，成为津南经济发展新的驱动力。

一、津南区现代化产业体系现状及不足

实现与国家会展中心的战略对接，津南区尚存在一些具体问题：

---

[*] 成果介绍：本报告系由本人牵头组织撰写，并向天津市委研究室和天津市社会科学界联合会提交的咨政报告，本人是主要撰稿人，也是最终统稿人，该报告为刘书瀚教授主持2018年天津市社科界千名学者服务基层活动个案调研项目中期成果，报告署名次序为刘书瀚、姜达洋、李宁，报告被天津社会科学界联合会采纳，刊发于《社科界咨政要报》2018年第8期。

一是服务业比重较低。2017年天津市第三产业比重为58%，津南区为52%，低于全市6个百分点，尚有较大提升空间。

二是现代服务业产业体系尚不明显。当前津南区服务经济主要集中在传统服务产业上，而国家会展中心项目建设的落实与配套，需要培育新兴产业体系，实现从传统服务业向现代服务业的跨越和转型。

三是产业发展运作模式相对单一。津南区"一带三园"的运作管理还停留在招商引资、提供优惠政策的行政性管理的传统做法上。而对接国家会展中心项目必须摒弃传统经营管理观念，探索引入领军人才＋投资有限公司＋商会的管理模式，实施市场化运作，搭建"技术标准＋大数据＋电商物流＋金融"的全产业链服务平台或产业园区。

四是服务业高端人才储备不足。津南区伴随现代服务业产业布局的形成，对会展、信息技术、电子商务等高端产业人才需求较大，加之人才培养周期较长，短时间内难以解决。在服务业高端人才引进与开发方面，津南区自身的区位优势还没有得到充分开发，海河教育园的教育资源尚没有得到充分利用。

五是服务经济创新政策有待进一步完善。津南区目前产业缺乏"特色品牌"优势，政策上缺乏科技创新体制机制，加强政策支持，优化营商环境，做好保障服务，将对津南区的行政治理提出更高的要求。

二、几点建议

一是加强产业融合，延长会展产业链。会展的价值主要通过展示的技术化、专业化和商品化来实现。因此，津南区应充分利用会展业的策划、营销、媒体等附加功能，加速会展产业与当地其他产业融合发展。例如龙头企业、行业协会可借助会展活动进行宣传推广；区政府可通过举办地方性产业展，推动产业集聚，提升区域及产业知名度。

二是深入推进海河英才计划，加大实施高端人才引育工程。进一步深化与海河教育园的人才对接，做实与清华大学、天津大学、南开大学等高校研究院的合作，培养具有科技创新能力的人才；加大与天津商业大学等开设会展专业特色高校的产学研合作，培养更多的专业化、高级服务产业人才。

三是科技助力大数据，助推会展业走向智慧化。例如，通过科技手段方便参展商和观众实时掌握动态化展会信息；实现参展商对布展、展会进行中的展位动向的全过程监控；实时提供的参观者数量数据，科学监测展区参观人数、交通、安保状况；进一步推动增强现实（AR）和虚拟现实（VR）在会展产业中的应用，推进会展经济的互联网＋改造，打造现场演示、触摸体验、信息交流、网上预约等多个链接交换平台和特色化参展、观展方案制定，创造具有津南特色的智慧会展形态。

四是融入津南元素，推动文化旅游业发展。充分利用津南区独特的资源禀赋，进一步挖掘津南乃至天津非物质文化遗产的商业价值，在会展中融入天津元素，打造天津特色。使国家会展中心串联起津南的旅游、文化、餐饮等服务经济，打造智慧化、便捷化的津南会展体验旅游特色。

五是建立电子商务平台，加速现代物流业发展。全面融入"一带一路"建设，鼓励企业"走出去"，加强产能装备、科技成果等方面的合作。在国际化的趋势下，在物流行业推进云计算、大数据及物联网的综合运用已是大势所趋。未来物流业还将实现操作无人化、运营智能化、决策智慧化。因此津南区应充分利用"天津智谷""华录未来科技园"、海河教育园区的资源优势，搭建集成平台，促进服务产业融合；进一步推动跨境电商与现代物流协同发展，实现商流与物流有机融合；进一步创新服务链、打通信息链、改造实物链，助推物流业步入新时代。

六是发展人工智能技术，提升服务业智能化。加快推进传统服务业智能化升级和新兴服务业智能化装备。应用人工智能技术推动服务业融合发展、打造智慧会展模式，以提高参会者的切身体验为目标，全面提升津南会展产业的服务质量，打造智慧服务的津南品牌。

第二编

京津冀协同发展

推进"三链互动",构建京津冀区域产业价值链[*]

一、京津冀协同发展中"三链互动"① 问题的引入

《京津冀协同发展规划纲要》的印发,标志着协同发展由"顶层设计"阶段转向"全面实施"阶段。以市场开放、资源重组开创京津冀三地的产业协同、区域协同、优势互补的新局面;强化创新驱动、内涵建设打造京津冀产业发展的内核;突出产业融合、共同发展铸就京津冀协同发展的产业布局,促成京津冀产业价值链与创新资源链、市场资源链之间的互动发展,实现三地经济结构优化、产业结构升级,建立起全新的京津冀产业共同体,使京津冀协同发展的过程中产业结构持续提升。

京津冀的产业协同需要三地以更开阔的眼界,实现三地产业政策、产业结构的错位发展,产业组织互动互通、相互整合,经济资源自由流动,强化创新资源与产业基础的紧密融合,实现区域范围内产业布局的优化,而实现这一目标在于在传统的产业发展的基础之上,融入创新发展与市场机制协调发展的思想,利用"三链互动"打造一条协同发展、创新驱动的全行业价值链。

---

* 成果介绍:本文系本人独立完成,并向天津市委研究室提交的咨政报告,也是刘书瀚教授主持的 2016 年度天津市经济社会发展重大应急课题"创新政用产学研模式,打造创新引领型天津"(TJZD16 - 013)中期成果。本课题 2016 年 7 月下达,2017 年 3 月结项。

① "三链互动"是本研究团队 2015 年提出的一个概念,主要是指创新资源链、产业价值链与市场资源链的互动发展和协同发展,实现创新资源、产业资源与市场资源的整合与重组,推进产业布局的优化配置。

二、"三链互动"对于传统价值链思维的突破

"三链互动"的设想需要跳出单纯强调产业发展和经济增长匹配的传统思维模式、创造产业资源与创新资源、市场资源协同发展的三维经济共同体,力行产业价值链与创新资源链、市场资源链的互动发展,真正把京津冀协同发展向深层次推进。

创新资源链关注于高素质人才和知识创新能力的建设,市场资源链以产品外包与服务外包为基本形态,它们都脱胎于产业价值链,却又可以服务于产业价值链,并实现对产业价值链的内在改造,推动产业价值链层次的提升。

传统的产业链发展思维往往局限于制造业内部,由企业根据自身需求,向外部的科研机构提出创新成果需求,并通过分担创新成本,分享创新成果,实现不同的创新主体之间的利益分配。在这一过程中,整个创新活动更多表现为企业对于定制技术,或者产品的预定,或者科研机构已经取得的科研成果向企业的出售,实现从产品到市场的重要一跃。

以成果定制为基本形式的跨部门创新活动固然提升了社会创新成果的市场化转化率,实现了实验室创新成果的市场化运营,然而,由于其定制与购买都在较小范围的创新主体之间形成,不同创新主体之间的融合度,创新资源的交织度明显不足,显然就极大地限制了创新发展的发展空间。

"三链互动"设想的提出将打破制造业对于当前产学研协作的一统,从更为完整的产业价值链着眼,通过实现多部门的创新资源的融合,引领区域产业价值链从加工、生产、制造等低端层次,沿着微笑曲线,向前端的研发服务、中端的商务服务、后端的营销服务扩张。在这过程中,服务业特别是生产性服务业将成为现有的创新价值链的核心环节,通过价值链的延伸与扩张,实现社会创新价值的提升。

在创新发展中,具有真正经济与社会价值的创新成果往往都是源于不存在路径依赖的开放式的创新活动。当创新者利用自身的知识储备,进行无意识的创新行为时,固然极大地增加了创新活动的风险,但却往往能够创造出更具外部经济效益的创新成果。

推动"三链互动",引入创新价值链,就更加需要政府部门科学的政策引导。政府可以摆脱传统的定制式的产学研协作中,企业往往将创新成果局限于特定领域的狭隘视角,而把关注目标拓展到更为广阔的区域范围,深化区域创新力量的

协同发展与科学配置，提升创新水平和层次。同时，政府对于创新体系的指引，将不再局限于创新投入的经济回报，而更关注于创新成果的社会价值和外部效应。

三、京津冀协同发展中的"三链互动"

京津冀的协同发展需要在传统的产业价值链的发展思路的基础上，引入创新价值链与市场价值链，进一步拓宽京津冀产业发展的思路，丰富京津冀协同发展的政策选择。

京津冀"三链互动"的推进，将能够有效实现三地的错位发展、融合发展、共同发展。三地不再静态地把产业发展的目光局限于单一产业价值链之中，单纯考虑经济价值在上下游产业，乃至企业之间的分布，更应该关注于创新资源优化配置实现的创新驱动，把生产服务、营销、金融等作用于产业价值链的生产性服务业产业纳入专业化运营的市场资源链，并以此实现对于传统产业价值链的改造与提升。

在京津冀协同发展中，定位为政治中心、文化中心、国际交流中心、创新中心的北京，拥有大量高校与研究机构的聚集，实现了更为高端的产业层次。然而，伴随着城市负载力的持续加大，北京的经济资源，特别是资源消费规模大，环境污染严重的重化工业的持续外迁，使得以金融、研发、信息为核心的现代服务业成为北京未来产业构成的核心成分。北京的经济资源与产业的剥离，必然也将推动产业资源从北京向津冀两地，甚至更为广阔的区域的大规模流动。这更需要一体化的区域产业价值链，通过科学的制度设计，实现产业的合理流动和协同发展，保证区域产业发展的高水平和区域经济发展的可持续。

得益于滨海新区的持续发展，作为北方经济中心的天津，吸引了包括空中客车、丰田汽车等跨国公司的入驻，建立了夯实的高端制造业基础，然而，由于创新人才的欠缺，区域经济的发展只能更多地掌控在外资手中，本土民族企业的创新能力不足，自然制约了天津制造业发展的可持续性。抓住天津自由贸易区建立带来的政策先行先试的机遇，加强京津创新资源的流动，通过优越的政策优势，把北京的科技人才、创新成果与天津的先进制造业发展紧密结合起来，推动三地创新资源与科研机构的协同创新合作，发展本土创新成果，培育民族创新品牌，将成为推动天津先进制造业二次创业的核心动力。

作为京津冀区域经济洼地的河北，正面临着钢铁等传统支柱产业转型升级的压力，然而由于自身经济发展水平的滞后，在现有的制度约束下，很难吸引区域高端经济资源，也更需要打通与京津两地的资源流动的通道，通过更为优越的政策设计，构建经济资源自由流动、经济布局更加科学的区域产业价值链体系。

推进"三链互动"，发展全京冀区域产业价值链将打破原有的制造业统领区域产业价值发展的桎梏，把服务业，特别是对于创新依赖程度更高的生产性服务业纳入其中，推动更为深化、更为广泛的区域经济的协同发展，组建起更为广阔的区域产业体系。

从产业结构来看，加速生产性服务业的发展，关注于金融、现代物流、科技信息服务、电子商务等重点行业的领先发展、跨越式发展，串联起整个京津冀区域产业价值链，促进生产性服务业与先进制造业和现代农业在更高水平上实现融合互动发展，逐步建立起更为发达的生产性服务业体系，将成为推动京津冀"三链互动"发展的核心工程。

四、天津在发展"三链互动"中的政策选择

在京津冀协同发展中，天津特有的优势就在于强大的先进制造业基础，以及服务于制造业的金融、物流、商务服务等生产性服务业体系，依靠以制造业为核心的区域产业价值链的存在，通过上下游的产业联系，吸附与集聚庞大的经济资源与创新资源，形成具有自身特色的产业结构。

天津未来的经济发展将沿着两条不同、却又统一的主线进行，从产业层次来看，以天津现有的产业，特别是滨海新区的高端制造业为基础，通过技术创新向价值链两端延伸，从而拓展区域产业价值链，形成具有国际影响力的龙头企业或国际品牌，从技术创新层次来看，构建更为完善的政用产学研创新体系，通过区域创新价值链的扩张，讲究科技创新活动中不同市场主体的协同发展，通过市场力量引导创新资源的优化配置。

产业需求是引领天津全行业创新价值链发展的核心因素，它直接依赖于以滨海新区为核心的先进制造业体系，以及由它们所组建的区域产业价值链的延伸与发展。滨海新区的开发开放也将为进一步提升天津区域产业价值链的层次奠定更坚实的经济基础。

在京津冀区域产业价值链中，天津更应该利用政策上的先行先试，实现政府创新政策的革新，打破现有的行业与部分界限，实现更大跨越度的创新活动，利用其对基础知识的占有，发展"三链互动"，在打造区域产业价值链中，发挥自主创新示范区与自贸园区的政策先行先试的优越条件，在天津自由

贸易区、天津港保税区、华苑产业园区等核心产业集聚区域，利用财政税收政策，或者公共采购政策，突出引导社会价值更高的基础知识创新活动，打破社会主体对于创新成果的独占，推动创新成果在区域产业发展中的扩散，引领社会创新活动的发展。

五、"三链互动"必须强化基础创新活动与技术创新成果孵化

尽管区域内拥有国内最为集中的大学和科研机构，拥有丰富的创新经济资源，然而，高素质科技人员、知识和专利等创新资源在区域内的流动的不足，也极大地限制了他们在社会生产中的广泛应用。推动京津冀"三链互动"，可以考虑由政府统一提供政策支持和指导，建立起以市场为主体，依托三地大学和科研机构的创新力量，委托市场化的企业负责创新成果的经营与交易的综合运营的科技创新共同体。

在实践之中，三地政府可以利用政策上的优越条件，依托于若干支柱产业的集聚地，试行发展科技创新共同体，以焕发各微观主体的创新热情，推进发展政产学研用创新体系的组织创新，把多个不同部门、不同领域的创新资源整合在独立核算的科技创新共同体之中，促进创新资源，特别是具有高超创新能力的创新人才的流动。

除了协同创新活动之外，推动创新成果的转化也将是科技创新共同体的核心职能，它可以组建创新技术的孵化基地，围绕区域产业做足文章，对于创新活动每一阶段所获得的创新成果，都通过引入制造业企业，加速技术的中试和产业化进程，并通过组建高素质的营销队伍，推动创新成果的产业化。

同时，科技创新共同体还需要设立专业化的技术创新成果拍卖，以及产权转让的平台，可以通过组建互联网股权交易平台的方式，适时发布共同体最新创新项目的预期价值、筹资方案和创新集资分析方案，以验证市场对创新项目的价值判断，提升共同体承担的创新项目的未来市场评估与价值评估的科学性和准确性，这也充分体现了创新资源链与市场资源链之间的互动发展、协同发展。

在京津冀发展"三链互动"，还应该在产业发展之中，引入更为健康的市场竞争，在投入产出合理化的前提下，实现资金在研发、制造和销售三个领域的合理投入，加速创新成果的经济转化率，回收创新成本，并制定合理、规范的收益分享机制，保证所有创新团队能够从创新成果的市场转化中获得收益，进而维持科技创新共同体的可持续发展。

六、京津冀协同发展中"三链互动"的展望

在当前京津冀的产业发展中，现有产业对于创新成果的需求必然成为引导，乃至维系区域性政产学研用创新体系的重要力量。京津冀的现有的产业基础，也就保证了未来的协同发展拥有强烈的市场创新需求，将能够引领三地的创新发展方向，也将成为带动区域创新的重要因素。

推动京津冀"三链互动"，引入创新价值链与市场资源链，实现对于产业价值链的改造，一方面强调市场需求对于创新成果的引导，实现社会创新的供需两轮驱动，丰富创新发展的机制选择，另一方面通过引入政府的创新政策引导，充分发挥政府更为宽泛的战略视野，打破创新驱动的行业限制与区域限制，实现创新成果的跨界涌现，形成更具规模优势的社会创新浪潮，自然成为保持京津冀协同发展中的创新发展的核心因素。

在京津冀协同发展中，通过上下游的产业联系，吸附与集聚着庞大的经济资源与创新资源，通过市场化的手段，引领社会创新活动的发展方向，加速社会创新发展，通过技术创新，向价值链两端延伸，从而拓展区域产业价值链，形成具有国际影响力的龙头企业或国际品牌，从技术创新层次，通过创新价值链的扩张，讲究在科技创新活动中不同市场主体的协同发展，通过市场力量引导创新资源的优化配置，这样的"三链互动"发展思维，既脱胎于产业价值链的延伸，同时，又对现有的产业价值链进行了深层次的改造和提升。

推动京津冀产业发展的"三链互动"，打破现有的行业界限与区域界限，实现不同领域的创新资源的融合，进一步拓展与延伸产业价值链，实现技术创新与产业演进的协同发展，通过引入科技创新共同体，最终建立起京津冀区域创新体系，必将通过创新实现区域经济的升级换代，打造真正协同发展，共同发展的京津冀经济发展新格局。

京津冀全行业创新价值链的发展与培育*

一、天津在五大战略机遇前的战略选择

值京津冀协同发展、建设天津自由贸易园区、发展国家自主创新示范区，加快滨海新区开发开放、持续推进"一带一路"建设等五大国家性战略机遇叠加的历史阶段，天津面临着极为有利的发展机遇和独到的发展优势，如何在未来的发展中，充分把握诸多战略机遇为天津带来的优越条件，优化天津的经济结构，提升天津的产业竞争力，促进天津经济水平的深入发展，必将成为开创天津经济发展新常态的重要选择。

五大战略机遇固然是天津经济发展获得的千载难逢的战略机遇，然而深究诸多战略机遇的内在含义，会发现协同发展和创新发展将成为贯穿五大战略机遇的核心关键词。未来天津的发展需摆脱一城一地的狭窄视野，进而寻求在更为广阔的京津冀区域内，通过推进科技创新与制度创新，提升自主创新能力，建立具有国际竞争力的区域创新价值链，并借此形成对于区域内诸多产业的吸附与集聚，使创新成为未来经济发展的新动力源，最终推动天津经济的内涵式发展。

党的十八大以来，协调创新力量、集聚创新资源、发展协同创新、推进创新驱动战略已经成为引领中国经济发展的战略选择。作为北方经济中心城市，天津更需要通过发展政产学研用协同发展，在市场机制的引导下，集聚社会创新力

---

* 成果介绍：本报告系由本人独立完成，并向天津市委研究室提交的咨政报告，也是刘书瀚教授主持的 2017 年度天津市经济社会发展重大应急课题《加快建设创新发展的现代化天津研究》（TJZD17－039）阶段性成果。

量，推进自主创新，向科技创新要经济效益，向制度创新求内涵发展，深化体制创新与机制创新，围绕产业需求和科技进步，走出一条创新友好型的内涵式经济发展之路。

二、植根现有产业基础，培育天津政产学研用协同创新体系

基于天津当前的经济发展现状，我们提出，天津的政产学研用协同创新体系应该深植于天津经济发展自身，既能够符合创新发展的一般规律，又深具自身特有的差异性优势，既能够充分发挥现有的五大战略机遇，又能够深化经济体制改革，建立起创新友好的制度环境，推动天津创新浪潮，实现天津经济的创新驱动和协调发展。

发展天津政产学研用协同创新体系，必须植根于现有的产业基础，围绕现有区域产业价值链，发展多主体融合的全行业区域创新价值链。从早期的产学研协作到政产学研用协同创新，不仅仅是创新主体的简单增加，它更代表着创新思维的根本转变。自20世纪初期兴起的产学研协作，在创新发展方面，更多着眼于供给驱动，它强调于企业、高校、科研机构的创新力量的叠加，实现创新资源的跨界流动，优化创新资源的配置，从而实现鼓励创新，推进创新的策略目标。

我们所倡导的政产学研用创新体系，不仅仅是增加了政府和市场两个行为主体，它一方面强调了市场需求对于创新成果的引导，实现了社会创新的供需两轮驱动，丰富了创新发展的机制选择，另一方面又引入政府的创新政策引导，充分发挥政府更为宽泛的战略视野，打破创新驱动的行业限制与区域限制，实现创新成果的跨界涌现，形成更具规模优势的社会创新浪潮。

在当前的政产学研用创新体系中，市场主导已经取得基本的共识，现有的产业对于创新成果的需求必然成为引导，乃至维系区域性政产学研用创新体系的重要力量。拥有强烈的市场创新需求，引领创新发展方向，也将成为带动社会创新的重要因素。

在京津冀协同发展中，天津特有的优势就在于强大的先进制造业基础，以及服务于制造业的金融、物流、商务服务等生产性服务业体系，一条以制造业为核心的完整的区域产业价值链的存在，通过上下游的产业联系，吸附与集聚着庞大的经济资源与创新资源，它们也能够以创新需求的角色反馈于区域创新体系，通过市场化的手段，引领社会创新活动的发展方向，加速社会创新发展。完整的产业体系，又为天津的区域创新成果提供了中试，乃至最终应用的广阔土壤，进一

步维系着天津的创新价值链的稳定运行。

　　天津未来的经济发展将沿着两条不同、却又统一的主线进行，从产业层次，它将以天津现有的产业，特别是滨海新区的高端制造业为基础，通过技术创新，向价值链两端延伸，从而拓展区域产业价值链，形成具有国际影响力的龙头企业或国际品牌，从技术创新层次，政产学研用创新体系通过全行业创新价值链的扩张，讲究在科技创新活动中不同市场主体的协同发展，通过市场力量引导创新资源的优化配置，它固然脱胎于产业价值链的延伸，同时，又对现有的产业价值链进行了深层次的改造和提升。

　　通过发展天津政产学研用创新体系，打破现有的行业界限与区域界限，实现不同领域的创新资源的融合，又将进一步拓展与延伸产业价值链，实现技术创新与产业演进的协同发展，最终建立起融汇天津整体产业经济体系的全行业区域创新体系，通过创新实现天津产业经济的升级换代，优化天津在京津冀协同发展体系中的地位。

三、借助政策东风，培育天津全行业创新价值链

　　五大战略机遇叠加，为打造天津全行业区域创新体系，培育全行业创新价值链创造了前所未有的政策机遇。培育天津政产学研用创新体系，建立全行业创新价值链并不是孤立于当前的经济发展大局而存在的，而是当前五大战略机遇共同施加于天津所带来的特定选择。

　　产业需求是引领天津全行业创新价值链发展的核心因素，它直接依赖于以滨海新区为核心的先进制造业体系，以及由它们所组建的区域产业价值链的延伸与发展。滨海新区的开发开放也将为全行业价值链的扩展奠定更为坚实的产业基础。

　　京津冀协同发展和"一带一路"建设的推进，则实现了在区域，乃至国际范围集聚和配置构建创新价值链的创新资源的战略视角，实现了在更为广阔的区域空间内的创新资源的重新整合。

　　政产学研用创新体系自然无法忽视政府科学有序的创新政策的引领，国家自主创新示范区与自贸园区的设立，实现了对政府的制度创新保驾护航，在"法无禁止皆可为"的行政管理思想的引领下，将极大地焕发天津众多微观创新主体的创新动力，进一步深化不同性质创新主体之间的协同关系，推进整个社会的创新浪潮。

正是得益于五大战略机遇的叠加作用,天津可以在更为广阔的区域空间内,实现对于更为庞大的创新资源的整合与重组,最终打破原有的区域,或者行业的界限,实现不同行业创新资源的跨界协作,使技术创新与制度创新,成为推动天津产业发展与价值创造的核心驱动力。

全行业创新价值链将打破原有的制造业统领区域产业价值发展的桎梏,把服务业,特别是对于创新依赖程度更高的生产性服务业纳入其中,推动更为深化,更为广泛的区域经济的协同发展,组建起更为广阔的区域产业体系。

常见的产学研协作,往往局限于制造业体系内部,由企业根据自身需求,向外部的高校和科研机构提出明确的创新成果的需求,并通过分担创新成本,分享创新成果,实现不同的创新主体之间的利益分配。在这一过程中,整个创新活动更多表现为企业对于定制技术或产品的预定,或高校、科研机构已经取得的科研成果向企业的出售,实现从产品到市场的巨大的一跃。

这种以成果定制为基本形式的跨部门创新活动,固然提升了社会创新成果的市场化转化率,实现了实验室创新成果的市场化运营,然而,由于其定制与赎买都在较小范围的创新主体之间形成,不同创新主体之间的融合度,创新资源的交织度明显不足,显然就极大地限制了创新发展的发展空间。

未来天津的全行业创新价值链,从更为完整的产业价值链着眼,通过实现多部门的创新资源的融合,引领区域产业价值链从加工、生产、制造等低端层次,沿着微笑曲线,向前端的研发服务、中端的商务服务、后端的营销服务扩张。在这过程中,服务业特别是生产性服务业将成为现有的创新价值链的有机一环,通过价值链的延伸与扩张,实现社会创新价值的不断提升。

四、创新政策引导,推进基础创新活动与技术创新成果孵化

天津的全行业创新价值链,必须利用政策上的先行先试,实现政府创新政策的革新,打破现有的行业与部分界限,实现更大跨越度的创新活动。

传统意义上的产学研协作,更多表现为企业将其研发职能外包给具有强大的创新能力的高校与科研机构。企业通过定制产品需求,或者明确创新方向,直接限定技术创新的框架体系,而在这种产学研体系中,高校与科研机构的创新人才,则成为企业引智的目标。

然而,在创新发展之中,真正具有巨大经济与社会价值的创新成果往往都是源于不存在由于定制所产生的路径依赖的开放式的创新活动。当创新者利用自身

的知识储备，进行无意识的、发散的创新行为时，固然极大地增加了创新活动的风险，降低其投入产出比，但却往往能够无意识地创造出更具外部经济效益的创新成果。

在传统的产学研协作过程中，实体企业能够明确未来创新轨迹与研究范式的往往只是一些相对成熟的成型的创新成果，或者是对于已有创新成果的转化、中试等后期应用研究。这些以引智为基本目标的、定制性的创新活动，由于存在明确的创新轨迹引导，往往可以极大地降低创新活动的风险，确保多部门的创新协作活动的成功，然而，它也极大地弱化了创新活动的新颖性，同样就降低了创新所带来的经济与社会价值。

因此，天津的政产学研用创新体系的发展，就更加需要一个超然的政府部门的科学的政策引导。一方面，政府可以摆脱在传统的定制式的产学研协作中企业往往将创新成果局限于特定领域的狭隘视角，而把关注目标拓展到更为广阔的区域范围，深化区域创新力量的协同发展与科学配置，提升创新水平和层次。另一方面，政府对于创新体系的指引，将不再局限于创新投入的经济回报，而更关注于创新成果的社会价值和外部效应。

天津政府可以利用其对于基础知识的占有，在打造全行业创新价值链中，发挥自主创新示范区与自贸园区的政策先行先试的优越条件，在天津自由贸易区、天津港保税区、华苑产业园区等核心产业集聚区域，利用财政税收政策或公共采购政策，突出引导社会价值更高的基础知识创新活动，打破社会主体对于创新成果的独占，推动创新成果在区域产业发展中的扩散，引领社会创新活动的发展。

五、积极推进组织创新，培育科技创新共同体

社会创新的不断发展，依赖于创新主体自身活力的焕发，也呼唤着机制灵活、利益共享、松紧有度的协作体系的建立，推进社会创新的深度发展。当前的政产学研用创新体系，往往只是通过松散的组织形式，把不同的微观主体纳入共同的创新活动，并通过一定程度的成本分担和利益分享机制，使它们能够围绕共同的创新目标，协同开展创新活动。

作为政产学研用创新体系核心的企业，更多以项目为基础，通过技术定制的方式，与外部科研机构形成合作关系，创新资源在不同的创新主体之间的流动性非常弱。当科研成果完成后，双方之间的协作自然终结，这也使得不同的创新主体更多成为由市场化技术定制交易所确定的短期的协作关系。作为企业引智目标

的高校和科研机构也往往愿意追求能够立竿见影、短期生效的创新成果。这也使得创新更多局限于对于成熟技术的应用和对现有创新产品的改造，而缺乏根本性、革新性的内涵式的创新发展的积极性。

在打造京津冀全行业创新价值链时，可以考虑由区域政府提供政策支持和指导，以市场为主体，依托大学和科研机构的创新力量，委托市场化的企业负责创新成果的经营与交易的综合运营的科技创新共同体。

在实践之中，天津政府完全可以利用政策上的优越条件，依托于若干支柱产业的集聚地，试行发展科技创新共同体。科技创新共同体将能够极大地焕发各微观主体的创新激情，通过发展政产学研用创新体系的组织创新，把多个不同部门、不同领域的创新资源整合在独立核算的科技创新共同体之中，促进创新资源，特别是具有高超创新能力的创新人才的流动。

在组织运营层面，科技创新共同体可以依托于独立的高校或者研究机构，同时又与企业的运营深度交织，进一步深化产学研的协作层度。在运营中，科技创新共同体更应该具有运营和决策的独立性，保证其运营更多受市场运行的规律制约，而不受其他创新机制的制度约束，通过成立专业化的投资服务公司，收集与分析国家经济政策与市场信息，形成完整的信息链，指导科技创新共同体的运营决策。

科技创新共同体的人员构成可以专职与兼职两轨制，其运营和创新选择依托于专职的创新领导人员，并通过项目制的形式，把参与政产学研用协同发展的不同微观主体的创新人才纳入特定的科研团队和科研项目，一方面可以围绕它们开展有针对性的创新活动，获取具有市场价值的创新成果，另一方面，还可以推动创新资源的整合，把科技创新共同体发展为人才培养与学科建设的基础，进一步深化创新活动的发展。

除了协同创新活动之外，推动创新成果的转化也将是科技创新共同体的核心职能，它可以组建创新技术的孵化基地，围绕区域产业做足文章，对于创新活动每一阶段所获得的创新成果，都通过引入制造业企业，加速技术的中试和产业化进程，并通过组建高素质的营销队伍，推动创新成果的产业化。

同时，科技创新共同体还需要设立专业化的技术创新成果拍卖，以及产权转让的平台，可以通过组建互联网股权交易平台的方式，适时发布共同体最新创新项目的预期价值、筹资方案和创新集资分析方案，以验证市场对创新项目的价值判断，提升共同体承担的创新项目的未来市场评估与价值评估的科学性和准确性。

科技创新共同体将通过引入市场竞争的方式，在投入产出合理化的前提下，实现资金在研发、制造和销售三个领域的合理投入,加速创新成果的经济转化率,回收创新成本,并制定合理、规范的收益分享机制,保证所有创新团队能够从创新成果的市场转化中获得收益,进而维持科技创新共同体的可持续发展。

六、结论

对于天津而言,五大战略机遇的叠加是现实赋予天津最为得天独厚的发展条件,然而,在未来的京津冀协同发展中,只有推动创新发展,通过技术创新与制度创新,推进天津产业转型,提升天津经济竞争力,才能够保证天津未来经济的健康发展。

只有利用现有的政策优势,持续推进天津政产学研用创新协同发展,围绕现有的产业基础和区域产业价值链,打破原有的产业与区域界限,由政府主导,打造京津冀全行业价值链,培育几个具有国际影响力,运营健康的科技创新共同体,扶持若干科技小巨人,才能够形成整个社会的技术创新和制度创新浪潮,引领天津经济的可持续发展。

加快天津西站发展，服务雄安新区建设[*]

建设雄安新区已经成为我国推动京津冀协同发展的重要举措。作为"千年大计"而设立的雄安新区，是疏解北京非首都功能的集中承接地，承担着创新发展示范区、高端高新产业集聚地和发展高端高新产业的使命，在京津冀协同发展战略中起着举足轻重的作用。天津西站作为连接滨海新区和雄安新区这两个新区的重要交通节点和京津冀地区的重要交通枢纽，地位和作用更加突出。在这一千年大计面前，作为服务京津冀的重要交通枢纽，服务雄安新区，持续推进京津冀协作，也将为天津西站的崛起提供充足的动力。天津若抓住历史机遇，围绕天津西站做好文章，加快建立连接雄安新区、京冀等周边城市的交通设施网络，则可在承接产业转移、促进经济融合发展方面有所作为。

一、天津西站在支持雄安新区建设中的突出优势

其一，交通优势。天津西站是雄安新区通过高铁公路连接东北地区、华北地区和天津滨海新区的必经之地，也是中心城区距离雄安新区最近的交通枢纽，其中津霸延伸线为服务雄安奠定运输线路基础。目前，天津通往雄安新区的全部高铁和绝大部分长途客车都始发或经停红桥区。完全可以通过产业集聚，强化经济辐射，将红桥建成天津对接雄安新区的桥梁与窗口。以天津西站为核心，打造连接雄安新区的便捷、迅速、高效地面交通网络，对于区域经济的崛起，将具有重

---

[*] 成果介绍：本报告系由本人独立完成，并向天津市委研究室和天津市红桥区政府提交的咨政报告，也是李海伟教授承担的天津红桥区政府委托课题"西站交通枢纽综合开发研究"的中期成果，本课题 2017 年 10 月下达，2018 年 6 月结项。

44

要意义。

其二，区位优势。天津市红桥区属于大都市的中心城区，拥有地理位置方面的巨大优势；经过多年建设具备了宜居城区的基本条件，并形成了聚集高层次人群的承载力。与市内其他区县相比，西于庄的庞大待拆迁面积，固然增大了红桥区域开发的难度，但是这片市区内最大的待开发用地，更为天津西站的二次开发提供了巨大的想象空间。在连通雄安新区、辐射京津冀的战略要求下，当前已经具备了通过启动天津西站二次开发，把天津西站及周边地区建设成为天津生产性服务业基地的潜能。西站地区也将在服务雄安新区的同时实现可持续发展，红桥区的经济规模和发展质量也将得到提升。

二、目前天津西站开发中存在的问题

(一) 尚未树立起京津冀一体化"零阻抗"交通系统的战略理念

京津冀协同发展首先要解决交通协同问题，尤其在雄安新区建设的大背景下，要求在天津与京冀之间形成智力资源流动"零阻抗"的畅通机制。"零阻抗"交通系统对人流、物流条件标准要求高，具有环境和时间的敏感性。作为连接天津与京冀地区重要枢纽的天津西站在空间距离与负载能力方面具有得天独厚的优势，以天津西站为核心，打造京津冀便捷、迅速、高效的地面交通网络意义重大，但相应的战略规划还没有跟上。

(二) 西站服务雄安新区和京津冀协同的功能差异不突出

天津西站作为京津冀轨道交通网络重要的连接点，其在功能发挥并未有突显出其优势。天津西站、天津站和天津南站之间并没能形成良好的差异化功能布局。这就导致本为分解天津站交通运输压力而定位为高铁交通枢纽的天津西站，并没能承担足够的高铁运力，反而过多分担普通轨道交通任务。这不仅降低了天津西站的硬件利用效率，更导致三个车站之间功能的差异性不突出，造成一种潜在的内部竞争机制，反而降低了轨道交通的运输效率。

三、加快天津西站发展，服务雄安新区建设的政策建议

（一）进一步明确天津的三座车站不同的功能设计和市场定位

作为天津最为重要的轨道交通枢纽，由于天津站身处城市中心地段，站区缺乏足够再开发空间，客流量已经接近饱和，因此需要有意识地将部分线路的车次分流南站与西站，天津站可重点围绕京广、京九等路线布局，重点联通东北、华中、华南、西北等地的路线，承担起天津最为重要的铁路运输任务。作为京沪高速铁路的重要结点，天津南站路线选择可更侧重于上海、江苏、浙江、安徽、福建等华东省市的高铁车次，在车辆选择上，也更多作为中转站设置，较少安排首发站，因此在天津的三所火车站中，更应该定位为分解东站与西站客流压力的辅助车站。

天津西站更适宜承担京津冀地区内部交通枢纽职能，重点布局天津至北京、河北、山东、山西、内蒙古等邻近省区市，充分发挥西站高铁车站设施完善的优势，将其改造为定位为服务京津冀的中短途省际高铁线路集中的交通枢纽。在线路选择上，可以考虑减少普通铁路车次数量，增加高铁车次，减少1000公里以上长途线路的车次，突出其中短途省际高速铁路交通枢纽的定位。力争从东站分流部分京津高铁线路，突出其500公里之内省际高铁速达的形象，从而强化其对追求速度与舒适度的中高端旅客的吸引力。

（二）依托建设雄安新区千年大计，构建京津冀轨道交通高效网络

伴随着雄安新区建设的持续推进，围绕雄安新区，构建京津冀交通一体化网络，全面加速北京、天津与雄安新区之间的高速铁路、城际铁路和高速公路等交通基础设施规划建设已经被提上日程。作为当前天津通往雄安新区的唯一交通枢纽的天津西站，也是天津市内六区距离雄安新区最近、交通最为便捷、交通设施基础最为雄厚的区域，可向国家发改委、天津市委申请立项，以天津西站为核心，建设规划津雄高铁，帮助新区打造便捷、高效的地面交通网络。

目前，通过对原有的京霸铁路改造，升级构建自北京大兴李营，经廊坊至雄安东站的京雄铁路已经立项开工。而天津至雄安新区的高速铁路建设规划尚未完

全确定。规划中的津雄高铁可以通过对原有的津霸客专进行升级改造而进行规划设计。现有津霸客专起于天津西站，设计时速已经达到250公里，其高标准的建设基础自然为津雄铁路的建设提供了极大的便利，这也成为利用西站开发津雄高铁的重要事实基础。在路线选择上，津雄高铁可以充分利用天津南站的基础设施，将天津南站为中转站，同时进一步完善现有的滨海新区至天津西站的高速铁路建设，向东延至滨海新区于家堡站，从而以天津西站为核心，建设一条东至滨海新区、途经天津西站、天津南站、霸州西站，最终抵达雄安新区的高标准高速铁路。

天津市政府可向国家发展和改革委提出项目立项，构建京津冀30分钟高铁运输网络。充分发挥天津西站和北京南站这两大现有高铁交通枢纽的作用，并同时开发建设雄安新区高铁站点，通过现有的京津城铁与规划中的京雄铁路、津雄高铁，建设北京—天津—雄安新区的30分钟"零阻抗"高铁交通网络，构建一个以轨道交通为主体、公交化密集化运营的高效高速铁路交通网络体系，全面深化北京、天津与雄安新区的经济联系。

京津冀30分钟"零阻抗"高铁交通网络不仅仅是联通红桥，乃至天津与雄安新区的交通网络体系。它更应该承担起串联滨海新区和北京的交通网络，极大增加天津西站通往滨海新区与北京的高铁车次，它也将有力促进滨海新区与北京旅客在天津西站无障碍的换乘或直达雄安新区，使天津西站真正能够成为串联京津冀，服务雄安新区，推进滨海新区产业转型，成为优化天津市内区域产业布局的重要抓手，为西站的二次开发创造新的机遇。

(三) 鼓励高端服务业落户红桥，服务雄安新区建设

建设中的雄安新区产业定位高端，其初期的发展目标是承接北京的高端产业转移，从而保证新区在起步之初就能够建立起高端高新产业体系。众多央企纷纷表态迁往雄安，也为雄安新区定位高端提供了必要的保障。在产业链的选择方面，通过服务外包，承接北京的现代信息技术产业的研发、运营与营销业务；通过价值链引领，承接天津滨海新区的航空航天、生物制药、新能源等高端制造业的上游环节，为其提供原材料的试制、加工与研发服务；以现代信息技术为核心，借助于大数据的力量，构建以雄安为核心的物联网体系，服务京津冀发展。

滨海新区制造业资源向雄安新区的转移，建立起天津与雄安新区之间紧密的产业网络的同时，作为连接天津与雄安新区桥梁的天津西站自然获得了更大的机遇，在当前雄安产业基础不足的情况下，央企总部迁往雄安，而由于雄安当前人

员储备与基础设施建设的不足，对于服务业基础需要更高的研发、营销和专业服务等部门的迁移将更为困难。

天津市可以有针对性地通过优惠的政策引导，鼓励央企在总部迁往雄安的同时，将研发中心、营销中心等高端生产性服务业部门迁入天津西站周边，推进天津西站周边高端服务业发展。红桥区政府可以在现有卓朗产业园区的基础之上，围绕天津西站，沿复兴路，在西侧西青道地块与北侧河对岸的西于庄翠山楼地块，规划设计高端服务业集聚区，围绕雄安新区发展所急需的研发、营销、财务、法律等专业生产性服务，鼓励产业集聚，发展高端生产性服务业，提升西站周边区域的产业层次。

总之，雄安新区建设战略的推出，固然给天津，特别是滨海新区带来了巨大的压力，天津也可以策略性地以天津西站为对接口，对接雄安新区，通过构建京津冀"零阻抗"高铁网络，推进京津冀资源集聚，带动西站周边产业升级与经济发展。

强化智库聚集效应，推进京津冀高校智库协作[*]

2013年4月，习近平总书记高瞻远瞩地提出建设"中国特色新型智库"的宏伟目标，第一次把智库的发展与建设提升到国家战略高度，加强智库建设也成为各地全面深化改革的重要工作内容。2016年6月，总书记在哲学社会科学工作座谈会上再次强调，智库建设要把重点放在提高研究质量、推动内容创新上，要引导和推动智库建设健康发展、更好发挥作用。

高校作为高端智力人才最为集中、创新人才最为集中的集聚地，高校智库的加快发展已经成为建设中国特色新型智库的重要工作内容。京津冀地区拥有我国高校集中度最高的城市群，更为京津冀高校智库的发展提供了难得的机遇。

京津冀协同发展已经成为未来我国经济发展的关键词，三省市需要摆脱"一亩三分地"的狭隘思想，站在更为宏大的立场上，实现三地经济政策的协调，推进资源的共享，强化分工的协同，这更需要实现三地高校智库的健康发展来保驾护航，这也对未来京津冀高校智库的发展提出了新的挑战。

一、京津冀高校智库的梯度发展

梯度发展与错位发展已经成为京津冀产业发展的关键词，而在京津冀的协同

---

[*] 成果介绍：本报告节选自本人主持的2017年度天津市国际性智库聚集地建设课题重点项目"强化智库聚集效应，推进京津冀高校智库协作"（2017-01-17）结项报告，本课题2017年4月下达，2018年3月顺利结项。本报告的部分成果以咨政报告方式提交天津市委、天津民盟市委，后被天津民盟市委采纳，刊发于《天津民盟信息》2018年第29期，并报送民盟中央参政议政部、中共天津市委统战部办公室、天津市政协研究室宣传处。其主要观点又刊发于2018年第1期《天津盟讯》，并被民盟中央采纳，刊发于2018年第1季度《民盟信息》。本报告的核心思想经过整理后，以"京津冀高校智库聚集发展的策略思考"为题，作为封面文章刊发于2018年第5期《智库理论与实践》。

发展过程中，高校和人才等智力资源的集聚程度的差异要远高于产业资源，这更导致相较于经济发展水平的差异，三地的高校智库的发展水平表现出更为明显的差距。

在当前的京津冀发展中，定位为政治中心、文化中心、国际交流中心和科技创新中心的北京，由于紧邻中央决策部门，自然成为国内智库集聚程度最高、发展水平最高的城市，像清华大学国情研究院、北京大学中国经济研究中心、中国人民大学重阳金融研究院都已经成为当前国内高校智库发展的标杆，而在国际领域拥有崇高的声誉，其研究领域大多立足于北京，运用国际性的视角，关注于中国与世界各国经济、文化的交流与协作，其研究更多地从宏观角度出发，关注于影响高层决策者的战略思想，而非具体的政策制定。在当前的高校智库飞速发展的大潮中，众多名校还根据政策热点，结合自身教师的研究专长，建立了名目繁多的高校智库，如仅清华大学公共管理学院就建立了超过 15 家高校智库，不同高校智库之间表现出严重的人员交叉和领域的重合，这固然反映了当前高校智库建设的火热，也反映高校智库过多追求热点、强调规模的现状。

作为全国高校最为集中的北京，高校智库的建设也表现出明显的马太效应，清华、北大、人大等名校建立了几乎涵盖所有政策热点领域的高校智库，而北京其他高校更多只是利用自身的专业所长，建立更具针对性的高校智库，如对外经贸大学建立的"一带一路"区域发展研究中心、中国石油大学的中国国际能源舆情研究中心、中央财经大学的政信研究院都非常具有专业特色。

2016 年 4 月，天津选出 12 家高校智库作为重点建设单位，其中固然包括南开大学滨海开发研究院、国家知识产权战略实施（天津大学）研究基地等由南开大学和天津大学等名校创建的 5 家智库，同时也包括中国民航大学的临空经济研究中心、天津商业大学的现代服务业发展研究中心等极具专业特色的地方高校智库。从研究领域来看，不同于北京的高端高校智库的宏观视野和全球视角，天津高校智库的建设更明显偏重于区域经济与特色领域等中观视角，其视野更窄，而专业性更强，对于区域政策的引领作用也更加明显。

2017 年 3 月，作为京津冀高校创新人才集聚洼地的河北也公布了包括河北大学的河北省生态与环境发展研究中心和河北省文化产业发展研究中心、燕山大学的河北省公共政策评估研究中心、河北师范大学的长城文化安全研究中心等 9 家首批新型智库试点单位。由于在京津冀发展中，河北高校的发展水平相对处于低端，其高校智库在京津冀区域内的辐射力也最弱，因此其高校智库往往更具河北特色，更多仅仅关注于河北省内的特定专业领域的政策研究，研究视角最为狭窄，其研究对象的关注点更加具体、更加微观。

实际上，自2013年总书记提出建设"中国特色新型智库"以来，几乎国内所有高校都加快了自身的智库建设，作为全国高校集中度最高的京津冀区域，高校智库建设早已蔚然成风，但是正如京津冀在产业发展水平上的差异，京津冀智库的建设也表现出明显的梯度发展的特征，其研究视角也表现出从北京、天津至河北逐级缩小的特征。这使得京津冀产业上的协同更需要三省市积极推进高校智库建设的协同发展与梯度发展，进一步加强三省市高校智库的融合与协作，通过高校智库的协作，推进区域政策的协同，实现京津冀三地政策的协调发展。

二、京津冀高校智库建设中的问题

（一）京津冀智库建设开放性相对不足

尽管高校智库建设已经在全国如火如荼地火热展开，但是包括在京津冀地区，绝大多数的高校智库都是在原有高校研究所的基础上转化而来，其运营机制、管理体制，乃至人员管理大多仍然沿用已有的高校管理制度，然而，高校智库并非高校研究所换个名称的简单化身，其工作重心已经不再较多关注于理论研究，而是着眼于政策决策的智力支持作用，成为政府乃至其他社会团队的外脑，因此高校智库在研究重心、考核标准、评价体系，包括经费来源，都应该与传统的高校研究所区分开来，这也需要进一步推进我国高校智库的管理体制的制度创新。

既然高校智库被明确界定为政府决策提供智力支持，那么仍然将其作为高校的行政研究部门，进行闭门造车自然是难以适应当前中国特色新型智库发展的需要。单纯的理论研究，或者出版学术专著，固然是高校研究机构的工作重心，但是如果这些研究不能与社会需求有机结合起来，其研究成果不能有效地应用于政府与相关部门的决策过程，也就无法体现出智库成果的现实价值。

随着中国特色新型智库建设步伐的不断加快，京津冀高校智库的建设也开始逐步向社会敞开大门，推进开放办智库，一方面引入外部资源，在资金与人力方面，加强智库与政界、业界的协作，推动智库运行机制的创新，另一方面，高校智库建设还需要逐步对接社会需求，智库发展要根据社会需求进行订单式研究，保证研究问题的时效性和现实价值，进一步发挥智力资源的经济价值。

单就京津冀智库建设来看，众多社会智库的崛起已经为众多高校智库的建设提供了新的思路，比如中国人民大学的重阳金融研究院就是由中国人民大学引进社会资本合作创办，凭借其灵活的机制，自 2013 年创办次年，就连续 3 年被纳入美国宾夕法尼亚大学推出的、国际公认度最高的《全球智库报告》的"全球顶级智库 150 强"，取得了非常显著的成效。

（二）京津冀高校智库评价机制有待改进

尽管智库建设已经被众多高校列为发展重点，但是其研究人员通常仍然按传统的晋升标准进行，智库研究成果与研究人员的晋升完全是"两张皮"，成果再卓著的智库研究也无法在研究者职称与职位的晋升中发挥作用。这样的"用脚投票"的机制，往往弱化了智库研究人员在智库研究中的投入程度，降低其智库研究的积极性，进一步制约了智库的长远发展。

尽管天津市教委和天津社科联都已经率先提出加大智库研究成果在高校老师晋升中的作用的指导意见，但是由于缺乏具体实施细则，仍然使得很多高校对于智库成果在人员晋升中的认定无从下手、难以实施，这也成为制约当前高校智库发展的最大障碍。

（三）京津冀智库联盟建设有待加强

推进智库联盟建设是开放办智库的一个重要方面。目前京津冀的众多高校智库往往隶属于不同高校，而教育部直属高校与地方高校由于缺乏统一的管理，本身就难以形成紧密的协作，而作为高校下属的高校智库就更难形成有机协作机制了。而当前的智库研究往往是跨学科研究，其研究主题往往具有问题的复杂性、多学科的差异性、成果的时效性，单一高校智库或者单一学科的研究人员很难在紧迫的时间限制内，高质量地完成相关的智库研究。

即使在京津冀地区，省际高校智库研究能力存在明显的差异性和梯度分布的特征，也并不意味所有的智库研究都应该交由北京的少数几家高水平名校智库承担，推动高校智库的省际协作，发挥智库建设的多样化，实现智库研究的灵活性，对于进一步提升京津冀高校智库协作能力，强化其研究能力至关重要。

目前京津冀内部已经建立起一些松散的智库联盟，如天津就曾经召开过京津冀协同科技创新专家座谈会、三地多所高校组建了京津冀高校商科类协同创新联盟等都反映了三地高校在推进高校智库协作中的迫切需求。然而，仍然缺乏联系更加紧密的京津冀智库联盟，这也制约了京津冀智库之间的深层协作。

三、推进京津冀高校智库协作的策略思考

(一) 由三地政府牵头,组建京津冀高校智库联席会

对于京津冀的众多高校智库而言,由于分属部属或省属院校,其管辖权本不统一,很难建立起统一规范管理的智库联盟,因此,可以考虑在自愿的基础上,建立起具有更大代表性、成员更为庞大的京津冀高校智库联席会与高校智库专家联谊会。可以由三省市主管教育的副市长、副省长牵头,由三省市教育委员会负责联席会的日常行政管理事务。联席会实施会员制,由三省市主管领导轮流担任联席会执行主席,负责协调众多会员单位的统一活动。联席会通过登记会员专家,建立会员专家数据库和会员单位信息库的方式,为众多高校智库与智库专家提供交流、协作的平台,进一步加强不同省市会员单位之间的交流与协作,推进京津冀高校智库的协同发展。

为了鼓励京津冀高校智库之间的协作,可以由三省市政府或相关单位定期在联席会信息平台上发布政府购买智力服务的需求信息、招标公告,鼓励三省市高校智库根据任务需求与自身的专业所长,开展跨学科协作,推进三省市高校智库的协同创新和融合发展。

为了提升联席会对于京津冀高校智库的黏合度,可以根据高校智库的学科分布,设立国际关系、区域经济、产业政策、文化等分会,鼓励各个分会设立不同的研究主题,开展协作攻关,定期召开高端智库论坛,加强专业交流和智库合作。

(二) 在三地试行统评互认的智库研究序列职称

当前京津冀各地教育部门都在探讨将智库成果纳入高校教师职称评定成果的范围,然而,对于智库成果与以往高校教师职称评定指标论文、课题的评定,往往面临很多的压力,而使职称改革步履维艰。事实上,高校教师现有的教学与研究两个序列,尽管职称评定的指标不尽相同,却能够较好反映不同岗位的教师的工作重点,引导教师的教学科研工作有序展开,反而能够维护高校各项工作的有序进行。既然智库建设已经成为很多高校未来学科建设的重要工作,完全可以由三地人事管理部门与教育部门协调,组织高校在已有的教学与科研序列之外,新

增设智库研究序列，分设智库研究员、智库副研究员与智库助理研究员三档职级，在原有的研究序列基础之上，加大智库成果的权重，组织智库研究人员在新序列下单独评定职称级别，这将能够较好地化解原有的教学与研究序列人员对于智库成果纳入现有职称评定的排斥，推进高校人事制度改革的进程。

试行高校智库研究序列的关键在于其评定结果在京津冀甚至全国范围的认可。在试行初期，可以通过三省市人事部门和教育部门的协调，确保其职称评定的严肃公正，在保证定级人员的高标准、高水平的基础上，通过政策来保证定级结果在京津冀三省市内部的互认，并积极鼓励智库研究人员在三地众多高校智库之间的流动，或者通过挂职机制，鼓励智库人员到一线单位挂职，以推动智库研究成果在实际工作中的应用。

（三）对高校智库实施相对宽松的管理机制

目前，国内高校对于高校科研经费，特别是人文社科类科研经费管理改革的呼声日益高涨，在其中高校智库的经费管理自然更加突出。当前，在对高校智库的管理中，很多高校仍然沿用传统的管理机制，按照常规的高校管理制度对高校智库的人财物实施严格管理。而由于高校智库的特殊工作内容，高频率外出调研，大密集承接社会课题，大量发布智库成果，频繁召开智库论坛，必然导致其经费的收支规模将相较一般的高校教学、管理部门要大得多。如果在智库经费的收付上，仍然采取传统的严格管理的制度的话，自然会极大地限制高校智库的发展。上文所提出的中国人民大学的重阳金融研究院之所以能够取得惊人的发展成就，一个重要方面就在于其运行资金来于社会化的校友捐助，而中国人民大学对这些资金的管理又赋予了较高的自由权，宽松的资金管理、雄厚的资金投入与中国人民大学强大的师资力量的结合共同造就了重阳金融研究院的辉煌。

另一方面，作为紧密对接社会需求的高校智库，也需要加强与政府部门、社会机构、企业或其他高校专家的合作，在一些智库科研课题中，临时性纳入校外研究人员，这也同样需要对于高校在临时科研人员聘请、临时科研人员薪酬给付方面给予高校智库相对宽松的政策支持。

在京津冀的高校智库的管理中，完全可以将其资金管理作为推进高校科研经费管理改革的窗口，加大对于智库成果的考核与评定，保证经费投入的效果，而在经费的收支特别是调研、交流、智库研究人员的科研报酬与校外人员的聘请经费方面给予更为宽松的管理权限。

四、结论

推进中国特色新型智库建设是推动京津冀协同发展的重要保证,在当前的京津冀协同发展中,众多高校智库也都发挥了积极的智力支持作用。然而,当前京津冀高校智库发展不平衡、协作不够紧密、智库管理与考核不对接,这都极大地制约了京津冀高校智库的进一步发展,通过政策引导,推进三省市高校智库的协作,发挥京津冀高校集聚、人才集聚的优势,全面提升京津冀高校智库建设水平,必将为当前的京津冀发展提供更为充足的动力,推动京津冀区域的创新发展、协同发展的有序进行。

加强政用产学研协作，构建京津冀民族产业价值链[*]

2018年4月爆发的中美贸易争端极大地暴露了中国制造的短板，一旦美方把控住小小的芯片，中国制造业巨头中兴就轰然倒下，面临生死存亡的危机。虽贵为全球最大的制造业大国，中国制造大而不强，缺乏核心竞争优势的缺陷在中美贸易争端中暴露无遗。作为我国重要的工业城市，制造业恰恰是天津经济发展的核心驱动力，天津更需要深刻学习，吸取其中的教训，推进政产学研用协作，构建京津冀区域产业价值链，把京津冀产业协同推到新的高度。

一、天津制造业发展中存在的问题

1. 比较优势理论指导下，外资在天津制造业发展中的超然地位。改革开放以来，中国有意识地利用资源禀赋，参与现代全球分工体系，发挥比较优势，发展全球价值链中最适合于本国的资源禀赋情况的产业部门与产业环节。外资企业纷至沓来，给改革开放初期的中国制造带来了新技术、新思维、新模式，从而推进了中国产业发展的技术创新与制度创新，创造了经济连续40年高速增长的中国神话。也正是得益于外资企业的进驻，滨海新区经济高速发展，使得天津经济增长速度连续多年高居全国前列。值得注意的是，外资企业在天津经济发展中的贡献率始终居高不下，本土企业的成长性却并没有得到明显的提升。

---

[*] 成果介绍：本报告受民盟天津市委邀稿，是对之前论文《中国制造需构建创新驱动民族产业价值链》在天津的应用的深度思考。

2. 外资企业掌握核心优势，市场换技术的设想未成现实。即使通过引入外商直接投资的方式，早在21世纪初，天津就已经建立起相对完整的区域产业价值链，进而融入国际竞争，成为当代全球产业价值链的重要一环，但是扎根于天津的很多制造业企业仍然掌控于外资手中。即使在天津政府有意识的"以市场换技术"的政策引导下，很多外资企业仍然将一些核心技术，核心环节留在手中，这也导致了新结构主义者所想象的技术的自然转移，进而自发推进天津区域产业结构升级，从而实现对于发达国家与地区的经济赶超，只是停留于理论。

3. 民族企业在区域产业价值链中的作用有待提升。经过多年的发展，在以丰田汽车、空中客车等大型制造业企业周边早已建立起相对齐全的产业集聚，从而构建起健全的区域产业价值链。然而，即使像空中客车这样的创新型产业，在天津的主要价值创造仍然是技术难度最小、经济附加值最低的总装环节，外围的核心零配件也大多为外资控股的外资企业，除了培养大量的高端蓝领技师，对于中国飞机行业发展的外部效应并不明显。

4. 经济自给能力不足，对外资的依赖程度居高不下。正如中兴事件所警示的那样，如果在本国的产业体系中，在另一国家的某一技术、某一产品，或者某一服务的依赖度过高，而缺乏市场替代性，其产业发展就可能存在一定的风险。这些受控领域也许将成为这些国家和地区的相关产业的"阿喀琉斯之踵"，而置整个国民经济于风险之中。像空中客车对于飞机核心零配件，丰田汽车对于发动机等核心部件的强烈依赖，都给未来天津制造业发展带来一些不稳定因素。

二、推进京津冀民族产业价值链的政策建议

伴随着天津对外开放的不断深入，从基础的加工制造，到高尖端的信息科技，天津已经建立起了相对完整的产业体系。只是问题的关键在于，尽管天津已经拥有具有世界影响力的高科技企业，可以向全世界供应最尖端的科技产品，但是特定环节，或者部分核心原件的供应却仍然掌控在外资企业，甚至是在华运营的外商独资企业手中。看上去，整个产品从设计、生产、营销都在中国本土完成，但是其却并不是一个完整的闭环，其民族掌握功能的缺位，自然会对整个产业链的稳定产生重大影响。因此，未来天津的制造业发展需要更加突出构建全行业的京津冀民族产业价值链，为此，我们提出以下几点建议：

1. 借机五大战略机遇，打造区域创新体系，培育京津冀创新价值链。京津冀协同发展和"一带一路"建设的推进，实现了在本区域乃至国际范围集聚和配

置构建创新价值链的创新资源的战略视角，实现了在更为广阔的区域空间内的创新资源的重新整合。国家自主创新示范区与自贸园区的设立，实现了对政府的制度创新保驾护航，在"法无禁止皆可为"的行政管理思想的引领下，将极大地焕发天津众多微观创新主体的创新动力，进一步深化不同性质创新主体之间的协同关系，推进整个社会的创新浪潮。

借助于五大战略机遇的叠加作用，天津可以在更为广阔的区域空间内，实现对于更为庞大的创新资源的整合与重组，最终打破原有的区域，或者行业的界限，实现不同行业创新资源的跨界协作，使技术创新与制度创新，成为推动天津产业发展与价值创造的核心驱动力，打破制造业对于当前产学研协作的桎梏，从更为完整的产业价值链着眼，通过实现多部门的创新资源的融合，引领区域产业价值链从加工、生产、制造等低端层次，沿着微笑曲线，向前端的研发服务、中端的商务服务、后端的营销服务扩张。在这过程中，服务业特别是生产性服务业将成为现有的创新价值链的有机一环，通过价值链的延伸与扩张，实现社会创新价值的不断提升。

2. 改进政府职能，优化营商环境。利用政策上的先行先试，实现政府创新政策的革新，打破现有的行业与部分界限，实现更大跨越度的创新活动。在打造全行业创新价值链中，发挥自主创新示范区与自贸园区的政策先行先试的优越条件，在天津自由贸易区、天津港保税区、华苑产业园区等核心产业集聚区域，利用财政税收政策或者公共采购政策，突出引导社会价值更高的基础知识创新活动，打破社会主体对于创新成果的独占，推动创新成果在区域产业发展中的扩散，引领社会创新活动的发展。可以考虑由区域政府提供政策支持和指导，以市场为主体，依托大学和科研机构的创新力量，委托市场化的企业负责创新成果的经营与交易的综合运营的科技创新共同体。

3. 借助政策优势，参与雄安新区产业价值链构建。支持雄安新区建设，实现其对于天津高端产业价值链的对接，帮助雄安新区与滨海新区建立起紧密的产业网络，从而支持雄安新区淘汰落后产业，创立创新驱动的新兴产业基础，同时分享雄安新区建设的政策红利。通过价值链输出的方式，把雄安新区的产业发展纳入滨海新区所主导的区域产业价值链体系，那么未来京津冀的协同发展中，滨海新区就能获得更大的话语权，从而掌握区域产业竞争的主动权。

如果滨海新区可以通过价值链输出的方式，成为帮助雄安建立起完全的新兴经济体系的经济主体，从而把雄安的创新发展与滨海新区牢牢锁在一起，就能够把滨海新区的创新发展，变为开发建设雄安的千年大计的一部分，从而得以分享雄安新区的众多政策红利，自然可以为滨海新区乃至天津的未来发展提供更为充分的动力来源，也将为未来天津经济提供新的发展思路。

第三编

创新型天津建设

推进柔性人才开发,打造创新引领型天津[*]

在现代经济发展中,高端人才已经成为支撑经济发展的核心动力。致天下之治者在人才,当今世界的综合国力竞争,说到底是人才的竞争。目前天津正处于五大战略机遇叠加的重要关头,加大高端人才的引进与开发的力度,提高天津经济发展的创新能力,推动天津市技术创新与制度创新的发展,全面改造与重构天津的区域产业价值链,对于实现以创新驱动未来天津发展的全新格局,打造创新引领型天津具有特别的意义。

一、天津推进柔性人才开发的必要性

为了推进天津经济的创新发展,对于高端人才的吸引与利用始终是天津着力推进的重点工作。伴随着天津国家自主创新示范区发展概要的全面推进,全市科技型中小企业得到了长足的发展,一大批小巨人企业持续涌现,逐渐形成了以创新驱动未来经济发展的经济发展雏形。

然而,随着京津冀协同发展的进一步加强,减少三地之间资源流动的行政障碍,推进各种经济资源在京津冀的畅通流动,实现资源在更为广阔区域空间的优化配置,已经成为京津冀协同发展的关键词。在此进程中,资源配置的"马太效应"日益显著的暴露出来。作为政治中心、文化中心、国际交流中心和创新中心的北京,拥有全国最为密集的高校与研究机构,以及最为优厚的创新发展的政策

---

[*] 成果介绍:本报告是由本人独立完成,并向天津市委研究室提交的咨政报告,也是刘书瀚教授主持的 2017 年度天津市经济社会发展重大应急课题《加快建设创新发展的现代化天津研究》(TJZD17-039)阶段性成果。

支持，因此对于高端人才拥有最高的吸引力，能够为高端创新人才的开发与利用创造出更为优厚的个人机遇，因此往往成为高端人才的集聚地。作为京津冀产业协同发展洼地的河北，经济结构更多集中于传统的资本密集型产业，对于创新资源需求不足，它更多承担起为京津创新活动提供中试与成熟创新资源的普及应用的角色。

经济发展水平介于京冀之间的天津则处于相对尴尬的地位。定位为北方经济中心的壮志雄心，使其对于创新人才与创新资源拥有着更多的需求，然而由于邻近北京的地理位置，创新资源却往往更多流往区域创新中心北京，而对于经济中心天津的创新人才吸引与创新资源的集聚产生了明显的挤出效应。

在具体的产业发展中，天津经济所依托的高端制造业与现代服务业，也往往都为创新资源集聚的现代化产业，资金与简单劳动力早已不是决定这些产业发展层次的核心因素，如何消除对于拥有更高的教育水平和完备的知识结构的高端人才的需求与对其吸引能力的不足而造成的供给不足之间的鸿沟，已经成为打造创新引领型天津必须解决的难题。

2016年冬季，京津冀的雾霾天气密集出现，关于雾霾对于人体健康的讨论也受到越来越多公众的关注。高端人才通常对于生活质量与家庭幸福都拥有着更高的需求，因此，一些媒体报道，越来越多的高端人才为了逃离雾霾，而选择离开京津冀，或者由于恐惧雾霾，而排斥前往京津冀就业、生活。正是在这一背景下，如何打造一种就业与生活空间相分离，消除高端人才对于北方雾霾天气的恐惧情绪的柔性人才开发模式，对于天津市吸纳与利用更多的高端人才将具有更为重要的意义。

二、柔性人才开发的设想

依赖人的智力头脑，而非单纯的人体机能是创新人才的开发与利用与传统的劳动力利用之间的根本差异，这也使得哪怕像霍金这样存在严重的身体缺陷的人类头脑，也能够创造出远超于常人的创新财富。对于创新人才而言，决定其创新产出的，往往是其超人的智力头脑，而非空间环境。当然，积极的创新激励政策与完善的科研硬件投入对于创新，特别是科技型产出，往往也具有极为重要的影响作用。

智力头脑资源的合理开发才是保证创新产业的最为核心的关键所在，对于一些创意型和专业服务业智力工作而言，完全可以在脱离传统工作环境的条件下进行，这也是 SOHO 工作模式风靡全球的原因所在。

既然北京对于高端人才的巨大吸引力对于天津吸纳高端人才产生的挤出效应无法忽视，而雾霾等自然因素又对天津吸引高端人才产生明显的冲击，天津完全可以改变传统的人才开发思维，转向"不求为我所有，但求为我所用"，通过发展灵活、机动的人才开发与应用模式，通过短期人才项目、智力工程外包、创新人才与科技成果的打包引入、适用弹性工作机制等方式，引入外来智力资源，使得高端创新人才通过短期交流，或者远程服务等方式，利用现代信息技术，跨越空间距离，实现人才的灵活应用。

三、柔性人才开发的策略思考

（一）构建畅通的柔性人才供需对接信息渠道

天津的经济发展离不开高端创新人才的开发与改进，但是盲目追求高端人才，引入本地经济发展并不需要的院士等高端人才，只会造成稀缺的人才资源的闲置，却并不能为天津经济做出明显的贡献。因此，更需要围绕未来天津经济发展中心的八大支柱产业与现代服务业，以企业的真实创新需求为导向，制定所需引进创新人才的类型与合作模式，以创新项目招标、短期人才流动与合作、跨区域创新团队的战略协作、技术成果入股等方式，吸引打造创新天津所真正急需的高端人才资源，打造创新引领型天津。

在实际应用中，可以充分利用发达的互联网媒介，引导建立微信公众号、创新任务发包网站、创新人才引智网站等多样化的柔性人才信息对接平台。平台由政府行政部门监督管理、第三方专业化机构运营，外来高端人才和用人单位自发自愿地进行信息披露，自发自愿地进行交流对接。平台要定期收集企事业单位对人才的需求，并及时更新并实时发布，促进信息交流，有针对性地进行招智，为外来高端人才及时提供适合的工作与服务信息。

由政府出面或者由企业牵头，针对天津经济发展迫切需要解决的紧急问题，以创新项目招标的方式，向海内外公开招聘高端人才，或者待实现创新成果的引智工程。并且在政策允许的范围内，在创新活动的主导与经费的使用方面，给予外来人才更大的自由权和灵活性，减少对于其创新活动的行政干预。

(二）推进柔性引进人才与本土人才的交流与学习

推进柔性人才引进工程发展的关键，就在于实现外来高端人才与天津本土经济的无缝结合。由于柔性人才不再强调于人才的户籍关系的引入，而突出其灵活性、机动性。因此，所引进的柔性人才应该是天津产业经济发展所急需的领军型高端人才，引入他们就代表着引入全新的创新思维、全新的技术设备，乃至全新的创新团队。

而正由于柔性人才不再像传统就业模式那样，形成与高端人才完全的雇佣关系，柔性人才的工作机制和流动机制将更为灵活，因此，引入这些人才需要为其配备高素质的本土人才作为助手，或者围绕他们建立本土性的创新团队，一方面消除外来高端人才工作的后顾之忧，充分发挥其引领创新发展的贡献，另一方面，也让外来高端人才作为导师，引导和帮助天津本地创新人才的成长，从而打造本土化、常态化的创新团队，保证天津经济的可持续发展。

（三）推进休假式创新，实现人才利用的灵活、弹性

对于很多高端人才而言，经济激励已经不再是吸引其的关键因素，能否实现自身的抱负，以及享受生活的美好，反而对他们具有更大的吸引力，这也是为什么在雾霾成灾时很多高端人才选择逃离京津的原因所在。

既然自然环境的改善需要相当长的时间才可以实现，那么针对这些关注于自然环境或者生活条件，而又的确为天津未来经济发展所急需的高端人才而言，传统的人才流动和应用机制，显然已不再适用。

对于天津而言，选择柔性人才开发，所关注的只是外来高端人才的智力支持或其科研活动的最终科研成果，那么本就没有必须死板的要求这些人才必须来津工作，或者在限定的地理空间内从事相关的创新活动，我们完全可能消除对于这些人才利用的空间与形式的限制，赋予他们更大的创新自由权。在柔性人才开发利用方面，只需要单纯考核其智力支持效果与创新成果价值，而淡化其人才利用与人才工作形式的限制。

针对一些可以利用现代信息技术，实现远程遥控或者技术指导的创新项目，完全可以把人才安排于海南、江浙等风景优美、环境良好的度假村或疗养中心之中生活，让其实现创新工作与休闲生活有机结合起来。高端人才通过视频电话、远程指导的方式实现天津的创新项目的指导和开发。对于一些硬件设施要求不高

的科研项目，也完全可以打破地理空间的限制，把实验室搬到高端人才所希望选址的地方，甚至外国，让高端人才舒心的从事自己的科研工作，以保证其创新成果的涌现。

四、结论

对于天津而言，五大战略机遇的叠加是现实赋予天津最为得天独厚的发展条件，然而，在未来的京津冀协同发展中，只有推动创新发展，通过技术创新与制度创新，推进天津产业转型，提升天津经济竞争力，构建创新引领型天津，才能够保证天津未来经济的健康发展。

通过制度创新，对于未来天津经济发展所急需的高端人才采取相对灵活、机动的柔性人才开发机制，提升对于高端人才的吸引力，转传统的引进人才的思维为引进人才创造的创新成果，减少对于创新人才的束缚与限制，提升天津创新能力，使得创新成为未来引领天津产业发展的核心动力，真正打造创新引领型天津。

发展人工智能促进天津制造业
转型升级对策研究[*]

党的十九大报告中提出,"要推动互联网、大数据、人工智能和实体经济深度融合",并且明确了"数字中国和智慧社会"是建设创新型国家的重要内容。以人工智能为代表的新技术将给人们的生产方式和生活方式带来革命性变化。为抢抓人工智能发展的重大战略机遇,党中央国务院超前部署,印发了《新一代人工智能发展规划》,北京、广东、上海、江苏、浙江积极响应,将人工智能视为下一轮经济发展的新动能。天津也将人工智能作为未来经济发展的重要驱动力,而加以特别重视,2017 年 6 月 29 日,首届世界智能大会在天津召开,更成为天津发展人工智能的里程碑。

一、人工智能促进天津制造业升级的重大意义

人工智能经过了大半个世纪的发展,目前已经进入高速发展期。人工智能已经被认为是新一代信息技术革命的核心,它是产生新兴产业形态的重要领域,发展"人工智能 +",推进其与现有产业的结合,实现传统产业的转型升级,将成

---

[*] 成果介绍:本报告由本人牵头组织撰写,并向中国民主同盟天津市委员会提交的咨政报告,本人是主要撰稿人,也是最终统稿人。该报告系刘小军教授承担的 2017 年民盟市委调研课题"京津冀协同发展背景下人工智能推动滨海新区产业二次变革的策略研究"结项报告,本文署名次序为:刘小军教授、蒙大斌副教授、姜达洋副教授、张炜副教授。本项目报告被天津市政协常委刘小军教授作为政协正式提案提交天津市政协,并作为民盟市委会主要领导在 2017 年 12 月 24 日中共天津市委召开的党外人士座谈会的发言材料,后经天津市统战部转化为建议报送中共天津市委,得到市委书记李鸿忠同志的批示。

为未来经济发展的主旋律。当前人工智能领域孕育着巨大的商业机会，已经诞生大量的独角兽企业。各个巨头公司对人工智能产业的布局直接促进了中国人工智能的发展，百度对外展示了"百度大脑"，蚂蚁金服联合清华大学成立 AI 实验室，腾讯云向全球发布 7 项 AI 服务。据艾媒咨询的数据显示，仅在 2016 年，中国人工智能产业规模已突破 100 亿元，预计到 2019 年增长至 500 亿元。

对于天津来说，虽然天津在制造业方面具有坚实的基础，拥有工业体系中的 39 个大类，然而 2017 年以来天津经济增长乏力的困境显示传统产业的升级和改造刻不容缓。因此，根据《中国制造 2025》的规划部署，将天津的制造业朝向智能化发展无疑是一条出路，人工智能在这方面将发挥重要作用。

为落实天津在京津冀协同发展中"一基地三区"的功能定位，发挥天津在基础设施平台建设、产业链布局和政策支持等方面具备显著优势，实现国家赋予天津的战略定位，课题组对人工智能促进天津制造业转型升级进行了研究。加快发展智能制造，是培育天津经济增长新动能的必由之路，是抢占未来经济和科技发展制高点的战略选择，对于推动天津制造业供给侧结构性改革，打造天津制造业竞争新优势，实现制造强市具有重要战略意义。

二、天津人工智能促进制造业发展现状

凭借区位和政策等各方面的独特优势，天津在智能制造方面发展势头良好。目前在机器人、智能装备、无人机、国产 CPU、自主操作系统、高性能计算机、新能源汽车动力系统、语音识别等领域已经打下了坚实的产业基础和打响了天津人工智能的品牌优势。"十三五"时期，天津市不断加强创新能力建设，提升企业创新能力水平，发挥科技创新在老工业企业转型升级中的引领作用，使高科制造业投资规模不断扩大，更好地推动人工智能与制造业的结合。

（一）高端智能制造取得了初步的进展

天津现有装备制造企业超过 3500 家，其中高端智能装备制造企业超过 500 家。天津在机器人、无人装备、新能源汽车动力系统、航空航天等智能科技新领域取得了较大的进展。

在智能机器人领域，拥有诸多明星企业。专注技术与关键零部件研发、系统集成和工业化应用的宝涞机器人；从事水下机器人研发的深之蓝海洋设备；从事

机器人制造和相关配套设备的研发的辰星并联；开发机器人关键零部件中科国技（天津）智能系统；以及作为智能化生产线解决方案提供商的易而速机器人等多家智能企业。其中深之蓝公司自主研发的水下机器人突破了多项高难度技术瓶颈，填补了国内空白。辰星并联在国内并联机器人中处于领先地位，打破国外垄断。

在航空航天领域，重点发展大飞机、直升机、新一代火箭、卫星和空间站，建设世界级航空航天产业基地。比如，以轻型、中型和重型民用直升机为主体的中航工业直升机生产基地，2017年预计年产占全球年产量的15%~20%；空中空客A320总装线项目提高了配套水平和零部件国产化率，打造了大飞机研发制造到总装调试维修的完整产业链。

在新能源汽车领域中，依托一汽丰田、长城汽车等中高档整车生产企业，加快发展纯电动大型客车和新能源汽车，进一步拓宽整车的生产领域和规模。力神电池建成新一代电动汽车动力电池智能工厂、纳诺机械制造的重载卡车客车轻量化车轮项目、中科曙光公司服务器绿色设计平台项目等多个项目入选工信部2017年支持项目。

在无人机领域，已初步集聚一批创新型企业，其中一飞智控是中国无人系统的领军企业；天津飞眼无人机科技有限公司是国内最大的工业无人机企业之一；博翱经纬具有国内领先的无人系统智能协同技术。

（二）发展出一批颇具实力的智能新科技企业

在核心基础零部件领域，天津市已初步形成一批具有较强竞争力、较高市场占有率的企业。譬如展讯通信芯片、中科曙光服务器、博弈启动检漏仪、飞炫科技系悬浮轴承、中兴智联RFID相关产品等，其中多项成果已达到国际先进水平。

在高性能计算机领域，全球运算速度最快的计算机天河三号即将落户滨海新区，天河一号在石油勘探、高端装备研制、生物医药、动漫设计、新能源、新材料、工程设计与仿真分析、气象预报、遥感数据处理、金融风险分析等领域发挥着重要作用。中科曙光等高性能计算中心已经展现出巨大的社会经济效益。

在智慧遥感领域，北斗导航系统、中科曙光、中科遥感、天地图、天地伟业、雅安科技等企业异军突起，势头强劲，在智能遥感领域起到了领头羊的作用，加快了该领域的发展速度。

在语音识别领域，专业从事智能语音及语言技术的科大讯飞，国内最早研发微小型无人系统的科技企业，致力于自动化设备制造的圣飞亚等企业也具有强大的发展潜力。

(三) 传统行业的智能改造取得显著成效

天津聚集了大量颇具实力的汽车、轨道交通、石油化工、风电、造修船、工程机械等装备制造企业，但是这些制造业企业技术水平相对不高，智能化程度普遍偏低。

随着新一代信息技术和制造业的深度融合，天津的智能制造发展取得明显成效。很多传统企业引入高档数控机床、工业机器人、智能仪器仪表。用电脑辅助人脑，以机器人助力工人，走两化融合的新型工业化道路。例如天津龙净环保已投资建设三条智能生产线。智能制造装备和先进工艺在传统行业不断普及，离散型行业制造装备的数字化、网络化、智能化步伐加快，流程型行业过程控制和制造执行系统全面普及，关键工艺流程数控化率大大提高。美克美家拥有两家智能工厂，智能化改造后实现操作工人数减少了70%，生产效率提升300%以上；瑞士百超基本实现了工厂无人化。

三、天津人工智能促进制造业发展的问题

虽然天津在人工智能及智能化改造方面有所发展，但是发展还处于初级阶段，资金、人才、政策、体制机制诸多方面仍然存在着各种各样的问题和障碍亟待解决。

(一) 对人工智能的重视程度仍需要加强

天津被定位为"国家先进制造研发基地"，但是制造业本身并不强大，传统制造业比例较大，国际竞争优势不明显。发展人工智能是实现"天津制造"到"天津智造"的必然途径，是实现弯道超车的重要战略机遇。目前，天津对人工智能的重视程度仍需加强，需要充分认识人工智能即将引领新一轮经济增长的战略意义，将未来天津经济发展的战略导向转向这一新兴领域。政府在发展人工智能方面的相关帮扶举措、政策支持、制度建设、服务配套等还需进一步细化。

（二）智能制造的发展缺乏广度和深度

虽然天津在智能制造领域具备一定的基础，经过长年的发展取得了一些成效，但是涉及企业仍然是很小的一部分，特别是天津为数众多的中小企业来说，智能制造还是遥不可及。天津的人工智能企业数量相对较少，与北京、广东及长三角等率先在人工智能领域发力的区域差距明显，这些人工智能产业发达区域的相关的企业已经占据中国人工智能企业总数的80%以上。此外与国外发达国家相比，天津的智能化的水平仍然偏低，仍然处于机器替代人的初级发展阶段。

（三）智能制造产业链缺乏关键环节

天津人工智能大多数企业的产品关键性零部件和原材料通过国际供应链供给，或者向国内其他区域的相关企业采购，与世界发达国家相比，还有相当的差距，这就会在一定程度上造成智能制造产业链中的一些关键环节的缺失。

（四）高端型及复合型智能化人才缺乏

天津不仅仅在科研投入上面临着激烈的竞争，而且在人才发展上也处于供应不足的窘境，尤其是高端型人才。因此，如何能够增强天津的科技竞争力，加快制造业产业升级，吸引更多的高端型及复合型人才成为了当前面临的重要问题。

（五）智能化产品市场占有率较低，自主品牌薄弱

在国外先进制造业中，智能化产品处于明显的优势地位，拥有较高的市场占有率。而天津制造业产业面临着自主品牌薄弱、低端产能过剩等一系列问题，技术成果转化率较低，智能化产品市场占有率不高。在高端领域，智能制造市场基本被国外品牌垄断。

（六）制造业与互联网技术的结合度不够

天津的企业很难承受以大数据、云制造、物联网为特征的未来制造业生产模式对传统制造业的冲击。短时间，制造业与互联网技术难以结合，企业在生产经

营管理上的管控与服务水平较低，大规模升级新的生产制造理念与经营模式，会使得传统制造业的发展面临被淘汰的风险。

四、天津人工智能促进制造业发展的对策研究

（一）全面提升人工智能的战略认识

推动成立机器学习与人工智能专业委员会，由天津市委市政府牵头，专门负责跨部门协调人工智能的研究与发展工作，并就人工智能相关问题提出技术和政策建议，同时监督各行业、研究机构以及政府的人工智能技术研发。应对人工智能蓬勃发展的大趋势，着眼长期对社会的影响与变革，保持政府对人工智能发展的主动性和预见性。

（二）支持中小企业智能升级

设立每个额度100万元的"智能制造升级服务包"，并将其纳入创新券系统，支持企业实施智造咨询、研发设计、生产管控、精益生产、购销经营等重点环节智能提升项目。鼓励实施"机器换人"，对购买使用工业机器人产品的企业，按设备购置款的10%给予最高不超过200万元补助。对采购纳入《首台套重大技术装备推广应用指导目录》智能装备的企业，按设备采购总额20%予以补助，最高不超过300万元。

（三）开展智能制造试点示范

对企业承担国家级绿色制造、服务型制造试点示范项目，按照国家补助金额的50%给予最高1000万元的配套支持。面向重点行业开展智能制造试点示范，组织一批两化融合基础好、成长性高的重点企业，建设国家级智能制造试点项目，按其智能设备和系统集成实际投资额的30%予以补助，单个项目最高不超过2000万元。

（四）支持建设智造创新平台

对经认定为市级、国家级的智能制造众创空间（按实际运营面积）分别给予最高 100 万元、200 万元一次性奖励。对通过设立网络设计平台、定制化设计平台等建设智能制造工业设计中心，且获得市级、国家级认定的企业分别给予 200 万元、400 万元一次性奖励。推动先进制造业企业向"制造+服务"转型，鼓励制造企业延伸发展全生命周期管理、在线支持、远程运维、总集成总承包等服务业态。

（五）鼓励智能制造模式创新

鼓励企业建立工业互联网个性化定制服务平台，开展大规模个性化定制，按其已投入开发建设费用的 20% 给予补助，单个项目最高不超过 300 万元。

（六）培育引进关联服务机构

鼓励国内外知名智能制造服务企业在天津设立独立法人公司（智能制造创新辅导中心），优先支持其申报"智能制造升级服务包"，按其对地方财政贡献额度，实行"三免三减半"激励政策。对通过智能制造服务为区内企业带来效益提升的，按照服务企业当年新增地方财政贡献 30% 额度，给予智能制造服务公司专项奖励。对智能制造服务公司为京津冀地区重大项目提供服务并形成良好示范的，按照"一事一议"方式予以扶持。

（七）加强企业人才队伍培养

实施企业家素质提升工程，选拔 200 名左右企业家赴先进国家开展智能制造、管理创新等专题培训；分批次举办企业家培训班，培训企业家、高层管理人员 1000 人次。加强企业高技能人才培养。

我们到底需要什么样的产业政策?[*]

——兼论林毅夫与张维迎关于产业政策的争议

2016年末，国内两大著名经济学家林毅夫和张维迎在各种公开媒体上针对"到底是否需要运用产业政策来推进经济发展"问题，连续发表意见，大打嘴战，掀起了一轮关于产业政策有效性的论战。尽管二人同为北大同事，但是在批评对手时却毫不留情面，并有理、有节、有据地对对方的攻击做出反击。一时之间"我们到底是否需要产业政策"成为国内经济媒体热炒的焦点。很多经济学者，以及财经媒体也对于两人的观点进行了深入、详细的跟踪与评述。一时之间，产业政策成为国内经济学研究的一个热点问题。

在笔者看来，党的十八届三中全会会议报告已经很好地评判了这两位经济学家的经济观点，会议指出："经济体制改革是全面深化改革的重点，核心问题是处理好政府和市场的关系，使市场在资源配置中起决定性作用和更好发挥政府作用。"其核心意义在于表明政府有能力通过采取一定的产业政策来干预资源配置，与此同时，也应该通过深化经济体制改革，更好地发挥市场机制的作用，从而实现市场调节与政府产业政策的协调。一方面回应了张维迎所提出的"我们根本不需要任何的产业政策"的论断，而另一方面又与林毅夫所言的"有为政府"紧密相连，从某种程度上而言，报告也从顶层设计的角度，明确了产业政策的有效性。

然而，是否据此就可以推断林毅夫的新结构主义经济学就此赢得论战的胜利呢？通过梳理两人的观点，结合现代西方经济学的发展，深入评判这一论战的理

---

[*] 成果介绍：本文2017年11月刊发于《商业研究》，报告提交于天津市委研究室，为本人主持天津哲学社会科学项目"推进流通业互联网+改造，加速京津冀协同发展"（TJLJ17-003）中期成果。

论内涵，我们会发现这场论战的胜负远非绝对的对错那么简单。

一、产业政策论战的理论渊源

从本质上而言，林毅夫与张维迎关于产业政策的争议的焦点，就在于政府与市场的边界应该如何界定。其实，从现代西方经济学诞生以来，关于政府与市场的争议就始终没有停歇。现代经济理论的鼻祖——亚当·斯密正是对于其所处时代，英国政府运用重商主义政策对于经济特别是国际贸易的限制的批评，开启了现代西方经济学"自由放任"的传统。而大萧条时期，凯恩斯宏观经济理论的提出让经济学重新强调通过政府强有力的政策干预，消除自由市场机制调节所不可避免的需求不足的难题，熨平经济周期，维护经济的平稳增长。

20世纪二三十年代，以米塞斯（Ludwig von Mises）、哈耶克（Friedrich August Hayek）为代表的奥地利学派学者与芝加哥学派的兰格（O·Lange）展开了一场激烈的关于资本主义与社会主义的优越性的论战[①]。值得关注的是，尽管从争辩的主题来看，双方论战的议题固然是资本主义和社会主义的优劣，但是其争辩的焦点问题却是政府到底有没有能力以经济计划的方式，取代市场价格机制，实现资源的优化配置。尽管伴随着苏联经济的兴起，以及兰格所倡导的数理方法在现代主流经济学中统治地位的确定，看似是坚持政府计划职能的兰格赢得了论战的胜利，而20世纪末苏联解体之后，主张自由市场功能的奥地利学派终于逆转局势，赢得了最终的胜利。

其实，在产业政策理论的产生与发展演变的过程中，市场失灵与政府失灵就是两个永远无法回避的研究命题。正是由于不完全竞争、经济外部性、交易成本和信息不完全的存在，市场价格信号往往会被扭曲，无法像经济自由主义学者所设想的那样高效地实现资源的最优配置，从而导致了严重的市场失灵，这也呼唤政府通过超然的经济决策能力，运用强有力的产业政策，遏制市场失灵，提高经济运行的效率。豪斯曼和罗德里克（Ricard Hausmann，Dani Rodrik，2006）就把这种市场失灵解释为协调失灵和信息外溢。一方面，在市场之中，每一个行为人的经济利益都会受到其他市场参与者的影响，而市场是很难保证无数的市场参与者之间利益的协调，只能由政府通过既定的产业政策，来引导众多市场主体的行

[①] 值得注意的是，林毅夫曾经留学芝加哥大学，其观点拥有深深的芝加哥学派的印记，而张维迎则是公认的奥地利学派的支持者，从某种程度而言，林张二人的论战，其实恰恰是20世纪二三十年代米塞斯和兰格的论战的延续。

为,甚至替代市场决策。另一方面,因为存在经济外部性,市场机制中,私人成本与社会成本就会表现出巨大的差异性,比如创新成果如果可以被随意模仿的话,大规模的创新激励自然就是不足的,这就需要政府通过产业政策来限制模仿、剽窃,或者鼓励创新,以保证私人成本与社会成本的一致性。在某种程度上,市场失灵理论也解释了凯恩斯宏观经济思想诞生的历史必然性,当市场无力保证经济运行的最优时,自然需要政府发挥更为重要的作用,以弥补市场机制本身的不足。

然而,苏联的解体与中国的经济体制改革,已经充分证明了,在庞大的现代经济体系中,政府很难占有资源配置所需的大量经济信息,而市场的自发运行却能够获得充足的信息,保证经济运行的效率,从而出现政府失灵的现象,因此政府根本不可能完全替代市场在资源配置中的主导作用。同时,政府往往需要委托代理人代为行使特定的政策选择,那么即使政府能够获得充足的信息,但是由于委托—代理机制设置的不合理,往往也没有足够的激励来保障代理人尽其最大努力来维护社会利益的最大化。

从经济发展的历史现实来看,尽管东亚模式一度被视为政府产业政策推动经济高速增长的模板,与经济发展远逊于自己的拉美国家相比,其优势正在于高度的市场化和对外贸易的自由化,这种政府主导下的市场化并不能被完全视为产业政策有效的直接证据。特别是自 1997 年亚洲金融风暴以来,东亚经济中政府干预的弊端日益暴露出来,在"华盛顿共识"的引领下,东亚经济的市场化,自由化进程也大大加快。

二、林毅夫与张维迎关于产业政策的观点综述

林毅夫与张维迎关于产业政策的争论,其实与数十年前,米塞斯和兰格关于政府计划在现代经济中的作用的论战并没有本质的区别。作为芝加哥学派传人的林毅夫,一贯主张加强政府对于宏观经济决策的作用,他运用新结构主义经济学为工具,指出现代经济的发展必须得益于劳动生产率的不断提高,而生产效率的提升又必须依赖于"有效市场"和"有为政府"的共同作用,从而实现持续的技术创新带来的产品质量与生产效率的提升,或者产业升级把经济资源更多地配置于附加价值更高的产业。

尽管呼吁政府产业政策的积极作用,但是林毅夫仍然倡导建立或者维护一个能够充分反映要素稀缺性的完全竞争的市场机制,从而通过"有效市场"的价格

信号来引导企业家根据比较优势来选择技术与产业,进而通过"有为政府"的产业政策引导作用,推进资源的积累和比较优势的变迁,通过产业升级和技术创新,不断地将资源和技术配置到附加价值更高的领域,实现产业结构的动态调整。

在企业家的创新行为过程中,必然会面临巨大的经济风险,这就需要政府运用创新补贴或专利保护等措施,为其提供经济激励,以弥补其风险溢价。在产业更替的过程中,也需要政府不断完善基础设施建设和制度建设,乃至基础科学研发投入,从而有效地动员有限的经济资源,引导企业家将经济资源转向回报率最高的技术创新和产业升级活动之中,促进经济的快速发展,避免"中等收入陷阱"。

在林毅夫看来,之所以我们会观察到太多的发展中国家选择产业政策,反而遭遇了经济的失败,完全是在于这些国家出于经济赶超的目的,违反自身的比较优势选择支持的产业,反而导致这些国家在开放竞争的市场中由于缺乏自身的竞争力,只能陷入无休止的保护性补贴之中。发展中国家真正需要支持的产业应该是那些由于自身的软硬基础设施不完善、交易成本太高而导致在开放竞争的市场中没有成本优势的潜在比较优势产业。只有在这些领域中,由政府针对先行企业提供外部性补偿,并完善其软硬基础设施供应,这些产业才能够成长为具有竞争优势的产业。

而张维迎却激烈地反对林毅夫的政府运用产业政策支持比较优势企业的发展战略,而将其批判为是计划经济披着产业政策的外衣。他结合着米塞斯和兰格的论战的历史事实,从经济学范式的角度,提出信息不完全、信息不对称,固然会导致新古典范式中市场有效的假定是无法实现的,也被认为是政府选择产业政策的根本原因,而张维迎认为,正是因为信息不完全和信息不对称,才导致了分工与专业化,进而催生了市场机制的出现,它不仅不是证明市场失灵的证据,而是市场有效性的源泉。

由于默性知识的存在,更使得即使拥有相同的知识,不同的决策者也不可能做出完全相同的决策内容,特别是不确定性的存在,也使得完全依托于委托人的主观判断的决策行为的产业政策,根本无法保证替代市场机制的更高效的决策效率。

产业政策有效的一个隐含的假定是技术进步和新产业是可以事先预见的,是可以计划的,而张维迎则通过人类的产业发展史来证明,创新和新产业是不可预见的,它的成功与否往往取决于后续其他创新的产生,因而是不可能预见的,因此,政府根本没有能力通过产业政策提前制订创新目标,并限定其产业发展的路径选择,实现创新的唯一途径是保障企业家进行经济试验的自由,而不是通过所谓的产业政策将其锁定在预定的路径上。

政府官员的委托代理机制也是产业政策无效的重要原因。在现有的政府官员的考核机制下，正确的政策选择并无法给决策者带来相应的经济收益，而政策的失败却可能会让其背负责任，因此，在此机制下，政府官员的决策的出发点往往是回避自身的责任，而非政策的成败得失，为此，他们的选择往往是广泛征求专家建议，或者忠实执行上级政策，这通常会造成严重的寻租与腐败，这都会极大地降低产业政策的最终效果，从而导致产业政策的无效。

三、我们是否需要产业政策？

作为坚定的奥地利学派的张维迎信奉自由市场机制是最为高效的资源配置手段，坚决反对政府采取任何形式的产业政策手段对经济体系实施干预，并且由于信息不对称、人的有限智能，以及委托—代理机制设置的困难，政府的决策也难以保证其自身的经济效率。的确，中国改革开放以来，中国特色市场机制的建立，也充分证明了建立在经济计划基础上的政府政策调节的失败。

然而，正如现代产业政策理论的鼻祖弗里德里希·李斯特（Friedrich List）在1841年出版的《政治经济学的国民体系》里所指出的那样，英法等早期资本主义强国的崛起，正是得益于其经济发展早期运用产业政策手段对于新生工业产业的扶持与保护，"任何一个通过使用保护性关税和航海限制等措施，把它的制造业和航海业提到一个别国无法与其自由竞争的地位的国家，所能采取的最聪明的措施莫过于扔掉通向成功的梯子，向其他国家鼓吹自由贸易的好处，并以后悔的语气讲述自己是如何在错误的道路中曲折前进，现在终于第一次成功地发现了真相。"[①]

韩裔英国经济学家张夏准（Chang Ha - Joon）在李斯特的研究思路下，运用翔实的历史事实进一步梳理，指出从英美到战后的日本，几乎所有的发达国家经济发展早期的成功经验都在于运用强有力的产业政策来发展本国的幼稚产业，鼓励本国的产业创新，提升本国的产业竞争力，最终建立起具有国际竞争优势的优势产业。而在经济思想方面，他们却成功地扮演为经济自由主义者，鼓励广大发展中国家，摒弃产业政策工具，推行自由开放政策，他们的目的其实是在于抽掉

---

① 李斯特. 政治经济学的国民体系 [M]. 商务印书馆, 1985: 256.

发展中国家在经济上追赶发达国家的梯子，从而维护其优势地位。[1]

通过对于世界经济发展历程的回顾，我们惊奇地发现，无论是在经济发展的早期主张自由放任的古典经济理论占统治地位的欧美国家，还是20世纪末创造世界经济发展奇迹的亚洲新兴工业化国家，或者是自由化改革后重新推进经济建设的拉美国家或转型经济国家，产业政策都在其经济发展中扮演了相当重要的角色。研究产业政策理论也将对于在全球经济一体化的历程中，发挥政府的主导作用、弥补市场调节功能的不足、推动社会创新活动发展、全面提升本国国际竞争力起到极为重要的作用。

与之相反，新自由主义学者一般都认为新自由主义方法是对于所有国家最好的战略，无论在什么情况下都应该采取自由化，而不是其他战略融进全球经济，应该通过自由市场分配资源，获得它们的自然比较优势，达成最优的动态优势，实现可达到的最为稳定的增长，没有政府干预可以促进发展，或者增加福利。在这种方法下，国家唯一合法的角色就在于提供一个稳定的宏观经济、明确的"游戏规则"，对于国外产品与要素实施完全的开放，保证私人企业的领导地位，提供诸如基本的人力资本、公共设施等基本的公共产品。

20世纪90年代，由于拉美国家普遍关注初级产品出口，而忽视本国的工业产业升级，强调进口替代，而产生的过度保护阻碍了本国的制造业企业的国际竞争力的提升，因此纷纷陷入经济发展的困境。约翰·威廉姆森（John Williamson）针对拉美国家的经济困境，提出了一系列经济自由化改革的方案，并得到了以美国为首的债权国以及国际货币基金组织、世界银行等国际经济组织的支持，在拉美各国得到了广泛的推广，这就是著名的"华盛顿共识"。

在"华盛顿共识"的指导下，拉美国家推行了一系列经济自由化改革：减少政府预算赤字，防止通货膨胀；实行利率自由化；统一汇率，并通过货币贬值来推动非传统贸易增长；推行贸易自由化，以关税取代数量上的限制，消除非关税壁垒推行低关税；对外国直接投资开放，取消各种障碍；推行国有企业私有化；取消对企业的管制和对竞争的限制；确保资产所有权等。

"华盛顿共识"使拉美国家从对经济的严密管制走向了另一个极端——过度强调经济的自由化与私有化，要求政府放弃对于经济必要的调控与保护。其固然在初期缓解了拉美国家的债务危机，在短期内促进了拉美的经济增长，但是也给拉美国家的经济发展带来了更为惨痛的损害：过度强调经济自由化与私有化的改

---

[1] Chang Ha-Joon. 2002, Kicking Away the Ladder: Development Strategy in Historical Perspective [M]. London, Anthem.

革,取消了政府对于经济的必要的保护,使得发达国家的工业产品大量的涌入,反而挤垮了大量本国的民族企业;新自由主义政策鼓励大量引入外国投资,然而流入拉美国家的投资绝大多数是追逐短期回报的游资,投资于生产的直接投资的数量相对有限,这也使得拉美国家金融环境略有风吹草动就会有大量的游资流出,反而影响了其经济运行的稳定性;经济自由化改革导致拉美国家的贫富分化、环境污染等社会问题更加突出,金融市场的自由化,导致外部环境的变化很容易影响拉美国家金融秩序的稳定性,从而导致拉美国家的货币贬值。

1998年,世界银行副行长兼首席经济学家斯蒂格里茨(Joseph Stiglitz)激烈地批评了"华盛顿共识",并把关注的目标扩展到贫困、收入分配不均、经济与环境的可持续发展等方面,以信息的不完全作为研究的出发点,指出"华盛顿共识"所倡导的经济自由化改革是无法实现资源的最优配置的,因此需要重新承认产业政策在经济发展中的作用。

斯蒂格里茨所倡导的"后华盛顿共识"重新强调政府在现代经济中的作用,从某种意义上是重新回归了现代产业政策道路,而它强调教育与可持续发展的思想,与现代产业政策中强调能力建设,突出创新在现代经济中作用的思想也具有很大的相似之处,从某种意义上来说,我们甚至可以把后华盛顿共识看作是对于拉美国家传统的产业政策思想的深化,以及对于现代产业政策思想的回归。

从历史的经验来看,无论资本主义兴起之初、英美经济的崛起,还是"后华盛顿共识"对于政府作用的回归,都充分证明了政府在现代经济中的必要作用,"大萧条"及"华盛顿共识"所倡导的经济自由主义改革的失败,更证明了纯粹的市场调节机制的不足,这从某种程度上,也驳斥了张维迎对于产业政策的批判。然而,这也并非就证明了林毅夫赢得了这场论战的胜利,实际上,林毅夫所倡导的"有为政府"的假设过于理想化,其也并没有办法回应张维迎对于政府决策效率的质疑。次贷危机爆发后,我国政府运用产业政策手段,扶持战略性新兴产业的决策,却在很多新兴产业部门导致了严重的产能过剩,极大地影响了经济运行的效率,这也证明林毅夫所设想的,由政府根据产业发展的趋势,选择自身具有潜在比较优势的产业加以政策扶持的观点仍有失偏颇。而且林毅夫所倡导的"有为政府"对政府赋予了更大的权力,反而容易导致大政府的出现,这也明显与当前中国的"减政放权"的经济体制改革的思路截然相悖的。

四、我们到底需要什么样的产业政策?

从现代世界各国运用产业政策的实践来看,无论林毅夫式的倡导产业政策,或者是张维迎式的坚决反对产业政策，都并不能很好地契合当前的产业政策理论发展的实际。现代产业政策已经不再像传统产业政策那样，被简单地视为政府对于经济体系的干预，而与市场机制直接对立起来。在以往的理论体系下，像产权保护、反垄断、维护公平的市场秩序的政府行为并没有被视为产业政策的一部分。而实际上，合理界定政府与市场的边界，通过上述的竞争性产业政策手段，更好地发挥市场机制在现代经济体系中的调节作用，已经成为现代产业政策体系的一个重要方面。也正是通过这一政策创新，产业政策对于经济的干预与市场机制也得以有机调和在一起，可以把林毅夫的新结构主义理论与张维迎的新自由主义思想巧妙地结合在一起，实现了两人经济思想的融合。

历史发展的事实证明，传统的产业政策的制定与执行往往存在一定的主观性，而且这些产业政策的推行又会造成明显的利益分配的不平等，因此会较大地改变社会资源的配置状况，可能会造成一定的政府失灵，从而造成经济运行效率的下降，这又成为张维迎等经济自由主义者攻击产业政策理论的重要理由。政府失灵与市场失灵的存在似乎造成了一个循环悖论，如果强调市场机制的作用，那么由于市场失灵的出现，特别是在市场机制发育不完善的发展中国家，市场的自发性与盲目性，往往会造成经济的剧烈振荡。市场机制自发实现的国际产业分工与产业结构调整更常常把经济基础相对薄弱的发展中国家固化在一些低技术、低创新、低收益的低端产业，自然也就难以实现对发达国家的跨越式的赶超。然而，如果过于强调政府作用，那么在政府职能没有得到最优设置，政策决定机制没有得到合理构建的情况下，很多产业政策的运行效率又是无法得到保证的。

到20世纪末，在华盛顿共识破产后，我们却可以看到市场机制与政府管制这两种看似完全对立的制度在现代经济中却产生了交集，现代经济在二者之间达成了一种均衡，而竞争性产业政策①正是代表了这种均衡的产物。从理论上来说，竞争性产业政策是基于对一个市场或经济来说，完全竞争的市场格局是最优的市场形态的基本前提之上的。通过充分发挥市场机制的功能，可以实现物质资本与人力资源配置的最优，生产过程中的产品与要素的价格制定最优，不同经济主体之间的收入分配最优等目标。在一个存在市场失灵的经济中，市场自身没有能力保证最优的完全竞争市场机制的运行，那么，就应该由政府通过一定的竞争性产业政策手段的实施以保证完全竞争的市场格局的形成，从而最终实现以上目标，从某种意义上来说，政府的干预政策却正是为了保证市场机制的作用的充分发

---

① 更多学者将政府用来维持公平的市场竞争的政策称为竞争政策（competition policy）。但是在笔者看来，竞争政策同样代表着政府运用各种政策手段，影响经济资源的配置效率，改变市场机制的运行特征，因此，也应该被称为产业政策的一种，故将其命名为竞争性产业政策（competitive industrial policy）。

挥，在这个层面上，政府干预与市场机制就有机地结合了起来。

竞争性产业政策不仅包含竞争法则的执行，还应该包括为了保证各国消费者的福利而推行的贸易自由化与管制的解除。政府一方面可以运用竞争性产业政策以规制企业之间的非竞争性行为，另一方面又必须在特定领域解除管制以尽量降低政府的干预行为所造成的对于市场作用的扰乱。当国际中的每一个国家都接受并且实现完全竞争的市场形态，实现产品或者要素在全球市场中的自由流动时，这也就形成了全球竞争力的差异。而现代意义上的竞争性产业政策正是为了在全球市场中，通过培育自由竞争的游戏规则，实现提升本国的国际竞争力的基本目标。

在自由放任的市场原则中，垄断的形成最终将损害市场力量的发挥，造成社会福利的下降。在现代经济中，企业可以通过一些横向、纵向，甚至一些混合性的兼并与接管行为，在特定市场中扩大其产品或服务的市场份额，进而确立其市场领域地位，使得市场日益集中于少数几个厂商手中，这必将削弱市场竞争的作用，这也使得通过反垄断立法，以及对于市场中的兼并重组行为进行监控成为现代竞争性产业政策的重要内容。在历史上，在美国最早通过用于规制市场垄断力量的《反托拉斯法》之后，几乎所有的西方发达国家都陆续推出了对垄断势力进行规制的相关的法律法规，以维护自由的市场竞争，从而充分发挥市场机制在现代经济中的作用。

发展中国家的竞争性产业政策的推行则成为竞争性产业政策在国际市场中应用的关键之所在。由于广大发展中国家的经济发展的滞后，本国的市场秩序往往不够完善，也存在更多的市场扭曲与市场失灵现象，从而导致市场机制的作用难以得到充分的发挥。在传统的国际分工体制下，这种普遍的市场失灵往往也极大地影响了广大发展中国家的国际竞争力，进而削弱其从参与经济全球化中获得的收益，这也直接导致了早期的发展中国家更为偏重保护型的贸易政策。而在现代竞争性产业政策体系中，我们可以看到很多发展中国家开始运用WTO等国际组织对于发展中国家的例外条款，进一步完善本国的市场体系，吸引国外直接投资，扩大本国出口能力，推动技术升级与劳动生产率的提升，从而提升本国在全球价值链中的地位。

从某种意义上来讲，竞争性产业政策类似于传统的自由主义者发挥市场机制功能的观点。然而，在现代产业政策理论中，它已经成为现代产业政策体系的一个重要组成部分。一方面，在竞争性产业政策中，市场竞争机制的形成必须依赖于政府部门维护市场竞争格局所作的种种努力，自由竞争格局往往表现为在全球经济中，各国的产业政策的协调与规范的产物，而另一方面，现代的竞争性产业政策不再像传统的自由主义思想那样排斥政府干预，特别是管制色彩较为明显的选择性产业政策选择，在现代产业政策体系中，要推动各国的创新能力与国际竞争力的发展，在竞争性产业政策之外，还必须辅以推动本国创新能力提升为主要目标的水平性产业政策，以及针对特定产业或特定区域的选择性政策，三者相辅相成，共同作用于一国的经济。

在经济全球化以及 WTO 在国际贸易中的影响力日益增强的今天，在其成员或者潜在成员之间利用竞争性产业政策，培育公平竞争的市场环境，遵循国际竞争规则，成为意图融入国际市场中的每个国家的必然选择。WTO 的相关规定也为其各成员确立了竞争性产业政策的基本原则。WTO 所确定的多边贸易体系的非歧视性、可预测性、稳定性与透明性原则极大限制了以往贸易保护思想下政府根据其政策需要主观确定的传统产业政策工具的使用范围。在这样的经济格局中，每个成员的政策选择在很大程度上将影响到其贸易伙伴或者 WTO 其他成员的基本利益，从而受到一定的制约。即使多哈回合针对发展中国家确定了一定的例外条款，这仍然必须在 WTO 的相关条约的规定之下，有条件、有限制地进行。在 WTO 所确定的新的贸易格局之下，每一个成员只能根据 WTO 的相关规定，在国际市场的竞争中，力争最大限度地实现其利益，这也使得通过竞争性产业政策确定规范有序的竞争环境成为必要。

在笔者看来，竞争性产业政策恰恰是化解林毅夫和张维迎争议的关键所在。现代经济体系中，如果把政府政策选择的效率完全寄希望于一个"有为政府"，只会过度放大政府的政策范围，加大政府对于经济的干预程度，从而造成严重的政府失灵，而影响经济运行的效率。次贷危机发生后，无论美国连续 4 轮的量化宽松货币政策，抑或中国的 4 万亿投资政策，其实都是在这样的思想引导下产生的，其在挽救一个经济衰退的同时，又为下一轮的经济发展，埋下了很多隐患，进而影响本国经济的平稳发展。

然而，过于强调市场机制的作用，反对任何形式的产业政策的话，只能陷入无政府主义的混乱，在复杂的现代经济体系下，信息失灵、有限理性、外部经济所造成的市场失灵又会使得经济长期处于动荡之中。华盛顿共识的破产已经充分证明了奥地利学派所倡导的经济自由主义对于发展中国家经济的破坏，即使经济自由主义思想大本营的美国，也从来不会完全放弃政府对于宏观经济的监督、管理与调节。

五、结论

林毅夫与张维迎关于产业政策的论战，已经成为当代理论经济学界的一件盛事而受到学界乃至民众的极大的关注。对于政府是否有能力采取产业政策来干预，影响经济的讨论其实并非什么新问题，关于这一问题的讨论几乎贯穿着现代西方经济发展的全过程，林张二人的论战，只是为这个亘古的老问题披上了时代的外衣罢了。

正如世界银行1997年发表的《变革世界中的政府》报告指出："绝大多数成功发展的范例，都是政府和市场形成合作关系，从而纠正市场失灵，而不是取代市场"。现代经济发展的历史也给我们揭示了一个最为朴素的事实：在世界各国的经济发展历程中，绝对的经济自由过于强调市场经济的作用，或者绝对的政府干预过于突出政府对于国民经济的直接管制，都是错误的，历史的事实也告诉我们，改革开放30多年间，中国所创造的世界经济发展的奇迹，也是通过有效的政府管制与完善的市场机制的协调，从而在这两种经济调节机制中形成一种均衡，最终促成了经济的健康、稳定、快速的增长。

因此，绝对地推崇市场或者盲目迷信政府都很容易把一国的经济带入深渊，因此简单地支持林毅夫，或者支持张维迎都并不能真正处理好市场与政府之间的关系。通过引入竞争性产业政策，把市场机制与政府职能有机结合起来，建立起科学、协调的中国特色的社会主义市场经济体制，既能够充分发挥市场机制在资源配置之中的决定性的作用，转变政府职能，深化经济体制改革，减少政府行政审批权，消除政府行政壁垒和弱化政府对于经济的直接干预，把能够由市场调节的经济活动交给市场，也要坚持有所为、有所不为的思想，进一步健全宏观调控体系建设，加强市场活动监管，进一步加强和优化公共服务，促进社会公平正义和社会稳定，促进共同富裕。

参考文献：

[1] Chang Ha – Joon. Kicking Away the Ladder：Development Strategy in Historical Perspective [M]. London, Anthem, 2002.

[2] Dani. Rodrik. Normalizing Industrial Policy [C]. Commission on Growth and Development, 2007.

[3] David. B. Audretsch. Industrial Policy and Competitive Advantage [M]. An Elgar Reference Collection, Cheltenham UK, 1998.

[4] Hyun – Hoon Lee. Korea's Competition Policy and its Application to Other Asian Economics, Tran Van Hoa Ed, Competition Policy and Global Competiveness in Major Asian Economy [M]. Edward Elgar, 2003.

[5] Patrizio Bianchi, Sandrine Labory. International Handbook on Industrial Poli-

cy [M]. Edward Elgar, Northampton USA, 2006.

 [6] 姜达洋. 现代产业政策理论新进展及发展中国家产业政策再评价 [M]. 北京: 经济日报出版社, 2016.

 [7] 王云平. 我国产业政策实践回顾: 差异化表现与阶段性特征 [J]. 改革, 2017 (2).

 [8] 奥斯卡·兰格. 社会主义经济理论 [M]. 北京: 中国社会科学出版社, 1981.

 [9] 冯晓琦, 万军. 从产业政策到竞争政策: 东亚地区政府干预方式的转型及对中国的启示 [J]. 南开经济研究, 2005 (5).

 [10] 贾根良, 赵凯. 演化经济学与新自由主义截然不同的经济政策观 [J]. 社会经济体制比较, 2006 (2).

《中国制造 2025》发展思路的根本转变[*]

2015年5月8日，国务院印发《中国制造2025》，以纲领性文件的方式，强调制造业是国民经济的主体，是立国之本、兴国之器、强国之基，并明确了未来十年中国发展制造业的战略方针、任务和保障。

2015年10月，中国共产党第十八届中央委员会第五次全体会议审议通过了关于"十三五"规划的建议中又再次强调，实施《中国制造2025》，加快建设制造业强国的发展目标，引导制造业朝着分工细化，协作紧密方向发展，促进信息技术向市场，设计、生产等环节渗透，推动生产方式向柔性、智能、精细转变，已经成为未来中国制造业发展的战略方向，而制造业的创新驱动，则成为实现这一战略目标的重要保障。

对于中国制造业的发展而言，"中国制造2025"不仅是一个远大的目标，它应该更是一种产业发展的思路的重大转变，除了《中国制造2025》纲要和"十三五"规划建议对于未来的中国制造业发展的战略构思之外，实现这一目标，更应该厘清中国制造业发展的一些重要发展思维模式的转换，把握四种发展思路的转变。

一、制造业 2025 依赖于更加优化的市场与政府职能的界定

在中国的产业经济发展过程中，政府与市场的关系的界定似乎是一个永恒的主题。强调政府在资源配置中的作用，曾经是新中国在短时间内建立起完整的制

---

[*] 成果介绍：本文系受民盟中央刊物《群言》杂志邀稿，刊发于2016年第2期《群言》。

造业产业体系的核心优势。然而，计划经济的效率低下，又揭开了波澜壮阔的改革序幕，市场机制逐渐取代政府成为中国经济发展的核心机制。然而，时至今日，如何理解政府在发展制造业，特别是引领制造业技术创新中的职能，仍然是一个重大的经济难题。

关于政府与市场职能界定的一个突出的例子就是"转方式"与"调结构"的演进。早在十一届三中全会党中央提出经济体制改革之后，"转方式"与"调结构"就开始为国人所熟知，尽管30多年的改革开放创造了前所未有的中国经济奇迹，然而，30年前中国政府就已经提出的"转方式"与"调结构"却远远没有完成既定的任务，这在某种程度上，恰恰揭示了政府职能在调节经济发展中的不足。

在笔者看来，经济发展方式的选择和产业结构的演进，其实更应该是一个自然而然的动态演进过程，它更多表现为众多市场主体的自发的行为的集合。比如，当中国存在海量的廉价劳动力时，对于制造业企业而言，在企业运营中更多地依赖于劳动力投入，减少要素成本更高的资本投入，就应该是投入产出比最高、运营方式最科学的理性选择，中国经济改革开放初期，遍布于东南沿海的加工制造业自然就得以兴起。在这一时期，即使政府人为地倡导企业加大机器设备和技术创新的投入，减少对于劳动力的依赖，但这种人为的转方式仍然会是一种并不符合市场机制下的微观主体的利益的非理性选择，而难以得到广泛普及，这也就解释了中国政府所主导的"转方式"与"调结构"长期无法取得明显成效的原因。

相反，改革开放以后，中国经济连续30多年的高速增长带来劳动力成本持续提升，特别是次贷危机后，欧美市场萎缩进一步压缩了传统中国制造的利润空间之后，劳动力成本的居高不下已经成为中国制造业必须克服的障碍之后，引入机器人生产和现代信息技术，改造、延伸中国产业价值链，通过持续创新提升中国制造的利润空间，已经成为众多中国企业应对危机的必然选择之后，长期困扰中国制造业发展的经济生产方式落后，产业结构失衡反而得到了更大的改善。然而，这一调节过程完全得益于市场机制的自发作用，而非强有力的政府政策作用。

正如中国制造的"转方式"和"调结构"所揭示的，制造业的产业发展更多地依赖于高度发达的市场机制的自发调节，政府固然可以通过差异化的财税政策，以及创新研发补贴，改变产业环境和要素结构，引导企业的产业选择和运营策略，但这更多是以一种润物细无声的改造模式存在，却很难成为主导"转方式"和"调结构"的核心驱动力。

"中国制造2025"的发展，必须依赖于市场机制在资源配置中发挥核心作用，让市场决定要素价格，并引导经济资源的优化配置，而政府的作用更多体现在制度建设和创新驱动之上，一方面通过完善的立法活动，保障市场秩序的顺利运行，而另一方面，也应该突出政府在一些基础性创新领域中的超然地位，加强创新人才培养与创新能力建设，推动社会创新活动的兴起，以法律和制度来保障创新成果的研发、转让、应用，推动社会创新成果的发展与扩散。

在中国的制造业发展中，庞大的国有制造经济体系和政府行政垄断部门，一直是广受民众诟病的焦点领域，钢铁的产能过剩和石化的品质低劣已经成为中国制造必须直面的难题。这就更需要清晰界定政府与市场边界，在存在经济外部性的自然垄断领域，通过政府有形之手克服市场失灵的同时，仍然需要引入市场竞争机制，减少行政权力对于经济运行的直接干预，使得国有经济能够在自由、开放的市场环境中成熟、发展，真正担当起中国制造的核心力量。

而在更多的制造业部门，政府则应该更多选择放松管制和减少干预，积极鼓励民营经济的发展，鼓励公正、自由的市场竞争。激烈的市场竞争自然可以督促更多的企业提升自身的产业层次和技术水平，从而加速这些产业的结构调节的经济发展方式的转变，创造出市场更加友好的"转方式"和"调结构"，实现中国制造的二次创业，把中国制造引入更加值得期待的《中国制造2025》。

二、中国制造业发展思路的根本扭转

长期以来，中国制造始终坚持成本领先的发展思路，充分发挥中国庞大的廉价劳动力资源的优势，寻求更为节约的生产方式，制造出更具价格优势的制造业产品，在这样的产业发展思路引领下，中国的制造企业总是在寻找压低生产成本的生产工艺，其中，材料成本、环境治理、安全维护往往成为中国制造企业最热衷的成本控制手段，这恰恰成为中国制造品质低劣、环境破坏和事故频发的源头。

要想实现制造业的真正腾飞，制造业2025必须摒弃成本领先的传统发展思路，而转向差异化、定制化、精细化、品牌化的新四化建设道路，推动中国制造的升级转型，在国际舞台真正打响中国制造的品牌。

改革开放以来，中国制造所坚持的发展道路选择源于20世纪初泰罗制下所产生的大规模生产、大规模消费的福特模式。在这样的产业模式下，企业通过大规模生产取得规模效应，实现生产成本和产品售价的持续降低，进一步扩张消费者的消费需求，创造出更为庞大的消费市场，从而实现一种良性循环。这样的消费模式在消费结构相对简单的20世纪盛极一时，它有力地推动了汽车、家电、计算机等制造业产品的普及，带动起相关产业的繁荣。

随着信息技术在制造业中的广泛应用，千篇一律的消费模式已经无法适应当代人的消费需求，越来越多的消费者寻求符合自己的消费习惯与特殊需要的定制化、个性化的工业制成品选择。而工业制造4.0计划的推进，令这种制造业发展的智能化、定制化、数据化、智慧化智能制造的生产模式越来越多地受到世界各国的关注。

《中国制造2025》明确强调推动新一代信息技术与制造技术融合发展，把智能制造作为信息化与工业化深度融合的主攻方向，着力发展智能装备和智能产品，推进生产过程智能化，培育新型生产方式，全面提升企业研发、生产、管理和服务的智能化水平，更是从官方明确了这种制造业发展思路的转变，并将引领中国制造业的新发展。

在成本领先发展思路引导下，由于政府监管的缺失、过度的市场竞争，反而导致中国制造的品牌形象日趋恶化，中国制造已经成为价格低廉、品质低劣的代名词。如果说在新中国成立之初，由于制造业的长期滞后发展，导致大量生产必需品必须依赖进口，洋火、洋布、洋米、洋面等以洋字冠名日常生活用品的习惯称呼成为中国制造的耻辱的话，而到了已经建立起完备的制造业体系半个多世纪后的今天，中国消费者却仍然选择到国外爆买各种生活必需品、奶粉、马桶盖、药品、书包等日常生活用品，这就需要我国的制造业从业人员和政府管理部门深刻反思了。

要想从根本上改变当前的国内工业制成品质量低劣的现状，就必须坚持把质量作为建设制造业强国的生命线，营造诚信经营的市场环境，走以质取胜的发展道路，选择制造业的精细化、极致化生产，以市场需求为导向，以技术创新为保障，打造出特色突出、品质优异、具有国际竞争力的民族品牌，夯实中国制造业基础，固本强基，真正建立起能够满足人民需要的制造业产业体系。

三、发展渐进创新，夯实制造业基础

长期以来，中国制造业的发展往往强调于一些重点行业、重点企业的领先发展，并寄希望于代表行业与龙头企业的异军突起，发挥其榜样带头作用，以其为发展驱动，先进带动落后，实现中国制造业的整体发展。无论新中国成立初期的重化工业立国，还是次贷危机后政府对于战略性新兴产业的扶持，都延续了这一发展策略。

尽管在高速铁路、航空航天、计算机云计算等高精尖端新兴产业，中国已经建立起了世界领先的制造业产业，然而，在食品、服装、机械等很多被国人视为中国具有强大国际竞争力的传统制造业部门，却普遍暴露出质量危机和信任危机。与常见的金字塔式的制造业发展模式不同，在中国的制造业发展中，由于政府过多地关注于顶端的先进制造业发展，经济资源与创新资源也过多地流入这些部门，反而削弱了其他制造业部门的发展优势，最终形成一种"倒金字塔"式的制造业结构，底层制造业普遍缺乏国际竞争力，却在尖端拥有若干国际领先水平的制造业产业部门，这显然不是一种良性发展的制造业态势。

当一些中国的先进制造业兴起之后，我们却无奈地发现，它们在国际产业体系中的优势只是一些散点，却无法连接成更具集团优势的产业体系。更为严重的是，由于普通制造业部门的投入不足与监管缺失，大面积的质量危机反而撼动了中国制造业根基，使得中国的制造业完全成为空中楼阁，最终弱化了中国制造业的国际地位。

正如《中国制造2025》和《十三五规划的建议》所表现的那样，中国政府一直强调技术创新对于制造业发展的突出作用，并积极鼓励发展政产学研用协同创新体系，培育社会创新浪潮，引领技术创新与制度创新，以创新带动起中国制造业的升级换代。然而，在很长一段时间内，中国的制造业发展过多地强调了突破性创新的爆发式的作用，希望通过集中社会创新资源，在一些核心制造业部门、一些关键的科技领域，取得一些根本性的技术突破，并以此培育带动制造业发展的新动力机制。

实践证明，固然与渐进式创新相比，突破性创新的确对于制造业的产业竞争力的提升与演进具有更为深远的影响，然而，突破性创新往往依赖于多领域、跨部门的创新力量的协作，需要创新资源的大量投入，对于创新人才和经费投入的依赖也更加明显，更为重要的是，即使取得一些突破性创新成果，但其在制造业部门的应用往往仍然依赖于很多其他技术的应用与不同制造业部门之间的协同，其在制造业生产之中的应用却往往需要更为久远的时间。

相对而言，经常被决策者所忽视的渐进式创新，往往是针对现实之中的特定问题的针对性的解决，其创新的应用性和适应性更强，投入产出率更高，反而更能够提升制造业的发展基础，成为最为有效的创新模式。

科技创新固然是制造业发展的核心动力，但是眼高手低地强调突破性创新研究，仅仅能够在少数先进部门建立起国际领先的竞争力水平，然而如果整个制造业发展滞后，若干高尖端部门的领先对于提升一国的制造业水平、推动制造业的整体发展却并不具有特殊意义。因此，必须鼓励发展应用性更强、创新效率更高的渐进式创新，全面提升制造业的品质管理，推动制造业差异化和精细化发展，打造出更具国际竞争力的中国制造业形象。

四、强化创新驱动的需求引导，构建供需双向式的创新体系

2015年11月，习近平总书记在中国财经领导小组第11次会议和亚太经合组织工商领导人峰会上，两次强调加强供给侧结构性改革。李克强总理在"十三五"规划纲要编制工作会议上提出要在供给侧和需求侧两端发力，促进产业迈向中高端。一时之间，供给侧结构性改革成为中国经济体制改革的热点，而引发广泛的讨论。

事实上，在供给侧结构改革概念提出之前，中国的技术创新其实已经实施了供给导向的创新引领模式。在科技创新之中，中国的科技创新往往更多地强调于政产学研用的协作，突出于创新人才的培养和创新机制的优化，集聚多方创新人才共同开展科技创新活动，以追求创新成果的实现。在整个创新体制中，决定创新的往往是源于创新供给的人才、经费、技术基础、创新环境和创新机制，通过创新资源在特定条件下的集聚，鼓励社会创新活动，引领社会创新潮流，推动创新成果的普遍产生。在整个技术创新过程中，决定创新成败的关键往往都是源于供给侧的创新要素的集聚。

供给侧的创新引领模式固然可以有效地鼓励社会创新发展，推动创新成果的大量产生，但是由于需求引导不足，往往导致创新成果在实践中的应用普遍滞后，甚至缺位。大量的创新成果仅仅停留在实验室而无法投入到商业化运营之中，难以实现创新行为的"惊人的一跃"，这又反过来制约了社会创新的发展。也正是在这一模式的作用下，尽管2015年中国申请技术专利数超过82万件，占世界总量的32.1%，遥遥领先于美国、日本、德国等制造业强国，成为全球取得专利最多的国家，然而，这些技术专利真正能够应用到中国的制造业发展的实践之中的却少之又少，这显然导致了中国本不丰裕的科技经费的极大浪费。

事实上，制造业的发展历程告诉我们，供给侧的创新在集中创新资源，取得创新成果方面效率更高，但需求侧的创新引领却更具针对性，其创新成果在实践中的应用效率更高。欧美各国的技术创新更多源于企业自身的创新活动，而政府在引领社会创新中的作用的发挥，也通常从需求方着手，通过政府采取引领企业的创新行为，或者直接创新补助，或者税收减免等手段，以经济手段补贴企业的

创新活动，发挥企业在推动技术创新中的主动性和积极性。欧美国家技术创新模式其实就从另一个角度验证了供需双向创新推动模式的重要意义，也为我国制造业发展中的创新推进提供了新的思路。

因此，尽管供给侧改革已经成为当前中国经济体制改革的热点，但是在制造业发展的创新推动之中，绝对不能忽视需求侧创新引领作用，通过政产学研用协同创新的供给侧创新推动和补助企业自主创新的需求侧创新拉动，构建起供需双向式的创新体系，实现中国制造业的创新引领和创新驱动，才能够实现制造业2025的宏观目标。

五、结论

次贷危机和欧债危机以来，源于欧美金融产业与房地产业的经济危机的爆发，警示我们把经济发展的中心放于缺乏实体支撑的虚拟经济的风险。回归制造业，通过制造业的领先发展引领国民经济的增长，已经成为世界各国的共同选择。美国奥巴马政府通过《制造业促进法案》，力图重振美国制造业，而德国则推出工业4.0，希望打造更加智能化、极致化的制造业体系。作为全球工厂的中国制造业，势必将面临日益严峻的竞争压力。

当制造业2025成为中国未来经济发展的重要选择，中国选择围绕制造业的突破，重建中国制造的国际形象之际，中国制造业就必须走上通过创新引领的制造业发展的漫长征途。《中国制造2025》和《十三五规划的建议》的相继公布必将开启中国制造业新的一页。

然而，正如本文所分析的，制造业2025的发展，不会是一路坦途，它将依赖于更为协调的市场与政府角色的界定，它需要品质至上的差异化、定制化、精细化、品牌化的新四化建设思路的选择，它不仅需要突破性的科技创新，更依赖于无数的渐进式的技术创新奠定更为坚实的制造业基础，同时，从供给侧和需求侧共同着手，打造供需双向式的制造业创新体系。只有转变思想，选择真正适合于中国制造业发展的科学发展道路，中国的制造业发展才能够走出当前的困境，走出一条更加辉煌灿烂的发展道路。

加大房地产领域供给侧改革力度[*]

2016年12月，中央经济工作会议在北京召开，会议对于2016年中国经济形势进行了深入的分析总结，并确定了2017年中国宏观经济政策主调。本次会议中，一个引人关注的重点就在于，第一次突出强调"房子是用来住的，不是用来炒的"定位，提出综合运用金融、土地、财税、投资、立法等手段，加快研究建立符合国情、适应市场规律的基础性制度和长效机制，既抑制房地产泡沫，又防止出现大起大落。

其实，在中国，对于房价涨跌的讨论，一直是关系亿万人民的福祉的永恒话题。而风云激荡的2016年的房地产市场更使得民众对于房价的关注达到巅峰。似乎就在不久之前，全国的房地产商还在抱团过冬，渴盼着借助"去库存"东风，保证房屋销售的稳定增长，使自己能够熬过房地产供给过剩的寒冬。然而，伴随着证券市场的寒流涌动，大量的投资资本开始涌向房地产市场，抢房之风开始从深圳、上海等大都市逐渐向周边的二三线城市扩散，几乎国内所有的大中型城市都出现了房价的报复性大幅度上涨，对于房价的宏观调控，几乎同时成为国内各地政府的头号难题。

而在2016年国庆期间，北京、深圳、天津、成都、郑州、济南、合肥、武汉，几乎所有的房价出现大幅上涨的大中型城市不约而同地推出了各式的限购限贷政策，各地火爆的房地产市场似乎一夜之间进入寒冬。然而，值得令人反思的是，为什么本应该用来住的住房，在中国却成为游资炒作的对象？以限购限贷为核心的房地产调控政策真的能管控好房价，化解民众对于房价上涨的焦躁情绪吗？是否可以推行房地产市场的供给侧改革，消除市场炒作，推进房地产市场的稳定，健康发展？

---

[*] 成果介绍：本文系受民盟中央刊物《群言》杂志邀稿，刊发于2017年第3期《群言》。

一、房价的上涨实际是一个金融问题

基本上从2003年非典结束开始，中国的房价就像脱缰的野马，开始无拘无束地加速上涨，尽管2007～2008年次贷危机期间，房价单边上涨之势似乎有所控制，然而2009年初，当绝大多数国家还没有完全从危机的打击中喘息过来之时，仅仅蛰伏一年多的房价在无声无息之间，猛然开始报复性反弹。中国的房价又开始了新的一轮飞涨。

从"姜你军"到"豆你玩"，从铁矿石的价格提升诱发的对国际三大铁矿石企业的非议再到快车服务的车费飙升引发的滴滴垄断之争，这些年很多领域的价格上涨问题，总是"你方唱罢、我登场"，然而，却绝没有任何一种产品能像房价一般，牵挂亿万中国民众的心。

衣食住行，看上去住房与近些年轮番上涨的农产品，乃至其他生活必需品都是生活所需，但是绿豆上涨了，人们可以用其他食品替代，住房价格上涨了，人们却只能以租代买，而房价上涨又会使得房租水涨船高，更为重要的是，由于住房支出在国人的消费结构中占有相当大的比重，因此当房价上涨时，它在增加每个人的生活支出的同时，又成为物价上涨的重要推动力，它在挤出居民其他消费支出的同时，进一步增加了民众生活的焦虑感，降低民众的幸福感。因此，2016年以来，当深圳房价持续上涨之际，陆续传出华为、中兴等知名企业撤出深圳的传闻，也正缘于此。

很长一段时间以来，房价上涨已经成为所有国人关注的头号问题。可是从存量商品房大量积压到抢房成风的突然转向，还是令所有国人大跌眼镜。中国的商品房供应到底是过剩，还是不足；房价上涨是一种历史的必然，还是中国经济结构转型期间的一段特殊时期的产物；到底是否应该买房；购房是不是一桩包赚不赔的绝佳投资手段？也许无数国人都曾经在心中问过自己上述问题。

其实，问题的答案并不像大家所想象的那么复杂。如果从满足人民的居住需要来看的话，中国的商品房甚至并不像很多房地产商所鼓吹的那么稀缺，经过了一轮又一轮的投机炒作之后，甚至可以毫不夸张地说，中国的商品房早已严重过剩。然而，如果把住房视为一种投资手段的话，在投资渠道相当狭窄的今天，作为投资品的住房却是远远不足的。

因此，从某种意义上而言，今天的住房与充当交易媒介的贝壳、金银、货币一样，它已经成为一种价值的象征，它所代表的已经不再单纯是用来满足人们居住需求，而是一种虚拟的价值标准。住房已经成为一种衡量财富或者收入价值的标准。因此，房地产问题自然也就转而成为金融问题。

二、需求端着力的传统的房地产调控政策

自从21世纪初房地产价格一路飙升开始，房地产市场的调控就是各届政府必须正视的艰难任务。从2008年的"国十条"，到2013年的"新国五条"，再到2016年国庆期间各大城市的限购限贷政策的密集出台，政府对于房地产市场的调控几乎贯穿于中国房地产市场的发展全程。

由于土地财政对于各地方政府的特殊意义，政府通过扩大土地供给、增加商品房供给，来缓解房地产市场的供需失衡的供给端调控政策自然无法得到地方政府的青睐。特别是在持续推进城市化进程中，城市的住宅用地的供给日益紧张，城市经济的持续增长，大量外来人口的涌入，自然推升了对商品房的需求，而城市的住宅供地相对于日益增长的居住需求却相对不足，这也更加助涨了各大城市，特别是中心城市的商品房价格。北上广深等中心城市的住宅土地资源的稀缺性恰恰是保证这些城市商品房价格一轮轮提升的心理预期。

在传统的房地产管理政策体系中，增加保障房供给，加强对于城市低收入者的住房保障，是保证房地产市场稳定发展的关键所在。然而，由于政策制订缺乏透明度和专业人士的参与，一方面会导致保障房由于缺乏交通、商业形态等配套资源，造成低收入群体主观上不愿意选择或者客观上无法选择的窘境。而另一方面，保障房分配制度的不完善，会导致真正有需要的人却与保障房无缘的争议性现象，从而导致住房保障体制成为众多民众非议的焦点问题。

各地政府所热衷采用的房地产调控政策往往是从需求端着力，通过限购限贷等政策、人为地限定购房者资格、提升首付比率、提升贷款利率等方式，提升购买房者的资金负担，从而降低房地产市场购房需求，达到房市降温，稳定房地产市场供求关系，维持房地产价格的稳定发展。2016年国庆期间，中国各大中心城市的房地产调控政策莫不如此。

的确，从纯粹的经济分析来看，导致我国房价持续增长的元凶就在于房地产市场的供需失衡，当市场需求不断膨胀时，即使房地产供给也在以极高的速度增长，但是其供给增长速度始终难以达到社会需求的增长速率，导致近十年，我国房价持续高涨。

如能从需求端入手，采取限购限贷等政策手段，平抑市场过于旺盛的房地产

需求，既不会影响地方政府对于土地财政的极度依赖，而另一方面，仍然能够保持房地产市场的平稳发展，自然是地方政府的理想选择了。

然而，从增加购房者购房负担着手的需求端房地产市场调控政策，所影响的往往是对于资金负担最为敏感的购房者，这些人往往并不是真正带动起中国房价上涨的主要群体——投资性购房者，而是更多属于真正对于商品房拥有强烈需求的刚需购房者。首付率和贷款利率的提高，往往把这批刚需购房排除在市场之外，反而制造出更大的市场不稳定因素，除此之外，为了应对这些限购限贷政策，所催生的假离婚、阴阳购房合同等则制造出更多的中国房地产市场的怪象。

其实，正如前文所言，导致中国房价非理性上涨的原因是太多的购房者购房只是为了炒作，而不是居住，中央经济工作会议所提出的"房子是用来住的，而不是用来炒的"，恰恰是把握住了问题的关键。

国内也有很多学者提出通过征收房产税、遗产税等方式，增加持有房产的经济负担，降低房地产投资的收益率，弱化其投资功能，然而，在现有中国房地产领域的制度设计中，房地产公司购买土地已经向政府支付了土地价值，购房者的购房款中本来就包括房产所占土地资源的土地费用，更何况现有商品房70年产权的规定，使得购房者花费积蓄购买房产，已经支付了土地费用，却并不能获得房产土地的完全产权，存在到期续费的政策预期，如果再要求购房者在持续房产过程中，仍然需要根据其房产价值逐年交纳房产税，自然会出现明显的重复征税。

只有降低初次购房时房产中的土地价值，而将其转为房产税式按年摊销收取，或者取消70年产权约束，给予房产持有者充分的产权自由，而通过逐年收取房产税的方式实现政府对于完全产权的房产资源的有序管理，才更加符合经济逻辑。而这也意味着中国房地产税收制度的一场巨震，显然并不现实。

也正是由于以上原因，中国的房地产调控才会成为困扰各地方政府的头号难题，也成为影响民众对于政府的满意度的重要评价因素。

三、积极推进房地产供给侧改革

在笔者看来，当供给侧改革已经成为未来我国经济运行的关键词，房地产市场也需要一场强有力的供给侧改革。中国政府更应该摒弃对需求侧的限购限贷政策的依赖，转而通过调整住房供给结构和市场投资供给结构，从供给侧着手平衡房地产市场的供需矛盾，维持我国房地产市场的均衡发展。

在房地产投资领域，往往使用房产的租售比，也就是房产的市场售价与其月租金之比率来评价房产的投资价值。一般国际上公认的房地产健康发展的市场中，租售比通常在200~300，也就是说出租房屋200个月至300个月可以收回购房投资。然而，在我国，房地产市场的火爆发展，固然也推高了市场租金，但是其市场租金增长率远远滞后于房价的上涨速度。在京沪等一线城市，其租售比甚至可以达到1000以上，也就意味着购房者在购买房屋后如果不用来自住而选择出租的话，其需要1000个月才可以收回投资，这样的投资回报率显然是无法满足投资需求的，通常也应该会抑制房地产投资的增长。

然而，在我国由于民众拥有房价上涨的强烈预期，投资性购房需求并非关注于其租售比，往往是房价持续上涨的预期。由于租售比持续攀升，反而导致很多投资性购房者购房后并不出售，只是将房产闲置，等待涨价，这反而进一步加剧了我国房地产资源的浪费，引起更为强烈的市场不满。

从某种程度上来说，真正要想抑制投资性购房需求，变炒房为住房，必须要消除房价上涨的市场预期。而房价的上涨在某种程度上，又是领先富裕起来群体应对通货膨胀带来资产缩水的自发行为。2009年次贷危机期间，4万亿救市资金的注入，带动了我国的货币扩张，宽松性货币政策不断释放流动性在为我国经济发展注入动力的同时，带来了更为强烈的通货膨胀预期。尽管CPI增长仍然在可控范围之内，但是M2长期保持2位数的高速增长，却加剧了市场的通胀预期，从某种意义上来说，2015年以来的人民币外流也是这种通胀预期的自然结果。

调控房价的主战场并非在于房地产市场，而在于央行的货币政策选择。因此，在本次中央经济工作会议上，再三强调，要调节好货币闸门，维持流动性基本稳定，在促进房地产市场平稳发展方面，也着重强调从宏观上管好货币。只要把控住货币发行，维持住市场的通胀预期，自然就消除了避险性的购房需求，从而弱化了货币市场的资金供给，平稳住中国的房地产价格的稳定，因此这恰恰是房地产供给侧改革的重中之重。

房地产供给侧改革的另一重要举措就是必须为社会投资性资金寻找去处。2015年中国股市剧震，从而引起股市投资资本大量涌入房地产市场，这才催生了2015年下半年后中国房价的报复性增长。2016年中期后，随着中国股市走向平稳，房地产资金的回流，又进一步降低了房地产市场的资金压力，限制了房价的持续增长。从某种程度上，房市与股市就表现出明显的此消彼涨的发展态势。

对于逐渐富裕起来的中国民众而言，收入水平的增长推动了居民家庭资产的持续增长，民众自然希望为自家的闲置资金寻找理想的去处，在国内资本市场发展滞后的制约下，民众的投资渠道并不宽广，特别是当2014年兴起的互联网理财逐渐走下神坛之后，当 P2P 已经成为网络诈骗的重灾区时，股票投资与房产投资仍然成为中国民众最为青睐的投资方式。

随着中国股票注册制改革的逐步推出，中国资本市场发展将驰上快车道，进一步引导中国资本市场的发展，加强对于资本市场的监督管理，进一步规范市场投资行为，为我国的海量民间资本寻找突破口，不仅能够缓解股市与房地产市场的资金供给压力，也将为中国的实体经济的发展提供更大的资金支持。

房子本来就不是用来炒的，但是只是在投资渠道狭窄，缺乏其他投资选择渠道时，它才会成为中国民众的最佳保值增值方式，进而扭曲其用于居住的内在属性。要消除炒房的市场行为，绝不可能用单纯的行政手段来打击或管制，只有创造出更为理想的投资手段，投资性的购房需求自然就会消散，让房子重新回归居住的属性，促进中国房地产市场的平稳发展。

当然，就房地产市场谈房地产，要推进房地产市场的供给侧改革，在房价上涨压力较大的中心城市，还应该加大住宅用地的供应，进一步盘活现有房地产资源，提高现有城市用地效率，从供给端着力，加大低收入群体住房保障，从而优化现有房地产市场的资源结构，缓解市场供需压力。

四、结论

当供给侧改革成为未来中国经济关键词之后，我国的房地产市场也亟待一场供给侧经济改革，从而淡化住房的投资属性，强化其居住的内在属性，真正地变炒房为住房。当然，房地产市场的供给侧改革决不能仅仅就房地产而谈房地产，它更需要从中央层面，把控国家的货币政策，稳定货币投资，降低民众的通胀预期，也需要广开钱路，推进资本市场健康发展，为民间资本寻找理想的投资渠道，同时也需要地方政府从供给端着力，优化地方房地产供给结构，缓解房地产市场供需失衡，保障房地产市场的平稳、健康发展。

构建师德制度红线，筑牢导师权力牢笼[*]

2018新年伊始，国内高校丑事件频出。先有海外女学者罗某发布网络公开信，控诉长江学者陈某性骚扰，继而媒体又爆出寒门博士生杨某不甘导师周某压榨溺水自杀身亡。一时之间，中国高校的导师与学生之间的复杂关系成为世人关注的焦点。高校导师沦为职场"老板"，利用导师权力，迫使学生进行非学术性活动，甚至把学生视为廉价、免费劳动力进行压榨的学术界潜规则渐渐浮现于世人眼前。

随着自媒体的繁荣，每个人都是信息的发布者，而熟练玩转社交媒体的大学生群体更乐于将学习、生活中的一些事件或者矛盾展示于网络，从而触发高校舆情。在其中，上述的诸如研究生与导师的紧张关系更成为此类高校舆情的重要内容，它不仅影响着个别导师或者高校的声誉，更极大地损害了我国高校教师的整体形象。

要想避免此类恶性事件发生，就更需要众多高校推进高校管理体制改革，构建起一条"有所为，有所不为"的制度红线，进一步加强导师师德建设，规范并约束导师权力，避免此类现象再次发生。

一、高校师生矛盾的根源

其实无论性骚扰门抑或寒门博士自杀事件，都根源于当前国内研究生教育

---

[*] 成果介绍：本文刊发于《群言》2018年第3期，其主要观点被民盟天津市委采纳，刊发于2018年第37期《天津民盟信息》，并报送民盟中央参政议政部、中共天津市委统战部办公室、天津市政协研究室宣传处，刊发时有删减。

中，导师对于学生的绝对支配权。在当前国内高校中，导师不仅担负着指导研究生科学研究的责任，成为研究生人才培养的责任主体核心，还承担着研究生培养质量的第一道检验职能。换而言之，在国内几乎所有高校，如果不取得导师的认同，研究生就无法进入到毕业考核的基本程序之中，从某种程度而言，导师成为保证研究生培养质量的第一道防线，却也成为研究生能否顺利毕业的最关键的人，这也导致导师直接掌握着众多研究生能否毕业的生杀大权。

正由于导师能够与研究生朝夕相处，才能够清楚掌握研究生的学术水平和科研状况，他们能够根据研究生的专业素养，为其指定研究方向，明确其个性化的研究计划，从而有针对性地制定具体的人才培养方案。也只有这些深入了解研究生的导师才最清楚其是否具备了足以匹配其学历学位的专业能力，在最合理的时机允许研究生进入毕业答辩阶段。而其他的专业课程老师，或者研究生管理老师，往往仅知晓这些学生某一方面、某一领域的学习动态，而无法对其整体的研究能力和人才质量作出客观的评价，因此，在世界各国的研究生教育中，研究生培养质量评判的第一责任人都是导师，这并非我国之特有现象。

正是由于导师是决定研究生能否毕业的第一道防线，如果导师不同意某名学生进入毕业设计阶段的话，那么，在当前的国内高校的研究生管理制度下，即使研究生实际上具备了高深的专业知识，取得了丰硕的科研成果，也根本没法获得毕业资格。这种超然的权威自然导致很多导师能够对学生召之即来、挥之即去、颐指气使，而学生则只能对导师垂首帖耳、唯命是从而别无选择。

正如西安交大寒门博士自溺事件，即使导师命令堂堂博士去做一些端茶倒水、擦车购物等毫无专业技术含量的打杂工作，学生也根本不敢说个"不"字。事实上，甚至会有一些师德低劣的导师以毕业资格为胁对学生进行性骚扰或勒索钱财，把学生视为待宰羔羊，肆意剥削。能够在导师的科研项目中，从事专业研究工作，成为导师的廉价劳动力，相对而言，已经是学以致用的典范了。在学术圈中，一些黑心导师为了继续盘剥一些早已具备毕业资格的研究生，让他们为自己的课题继续服务，而拒绝授予他们答辩资格，迫使其延期毕业，已经不是什么新闻了。

二、欧美高校避免师生矛盾的机制设计

尽管同样由导师掌握着研究生科研能力的考核权限，在欧美高校中，虽然偶尔也会传出导师压榨学生，或者对学生实施性骚扰的丑闻，但远不及国内之严

重。这在很大程度上也是由于中外两种管理体制下，高校管理制度的差异所致。

以笔者学习和生活过的英国高校为例，各英国高校普遍从制度上严格界定了师生之间的公私边界。导师仅承担着对于研究生的科研指导责任，他们并无权指使学生从事任何与其学术研究或个人培养无关的私事。换而言之，虽然导师可以为研究生制定科学研究的计划，布置研究任务，监督其研究活动，但是其所有的工作都必须是与其取得学历学位紧密相关的公事。在英国高校，导师指使学生从事除此之外的任何私事，都将被视为一种职权骚扰，而构成一种严重的违纪活动，学生完全有权拒绝他们认为导师布置的与其人才培养和科学研究无关的任何要求。

在欧美高校研究所中，研究生管理办公室承担着研究生的管理以及研究生权益保障的重任。一旦学生认为导师对自己的要求不尽合理，或者认定导师要求自己所做的事是与本人个人培养无关的职权骚扰，就可以立刻投诉至研究生管理办公室，而这些投诉一经查证，绝大多数导师都将面临丢失工作的风险，严重的情况下，甚至会承担严重的法律责任。这也是与笔者熟悉的很多英国导师，甚至不愿意或者说不敢让学生帮助自己从事一些最为简单的跑腿工作的原因。

2017年初英国媒体曝光，自2011~2017年，在英国的120所大学中，学生至少提出了169份被教职工性骚扰的投诉，其中37名教师因此而丢掉工作。牛津大学更以11宗性骚扰投诉而遥居榜首，令世人而大跌眼镜。这一方面反映了高校性骚扰案件并非中国高校特有，而是全球高校研究生教育体系中的一项顽疾，另一方面，这种不遮不掩、自曝其丑的做法也反映了英国学生的强烈的自我保护意识和学校有效的维持合理师生关系的努力。

三、中国式师生关系的构成

在与英国的师生关系的对比中，中国式复杂的师生关系本来就有着极其现实的客观环境。在英国的高校中，像打印、复印、取送材料等简单劳动，都是外包给专业的服务公司，这也可以大大减轻教师的日常事务性工作所牵扯的精力。而这些恰恰是中国最为研究生所诟病的替导师打杂的主要内容。

在中国的高等教育体系下，研究生导师往往作为学科建设与科学研究的骨干，而承担着繁重的事务性工作，其中比如简单的填表与制图、数据与整理分析、资料的打印与复印、票据的粘贴与报销等工作并不需要太多的技术含量，却往往会挤占教师们极大的时间和精力。与英国不同，国内高校的众多职能部门，更突出其管理职能，而非服务职能，因此看似更为臃肿的机构设置，不仅无助于减轻教师工作压力，从某种程度上来说，反而加重了教师的工作负担。如果中国的导师，也像英国的导师一样，完全不将其简单的事务性工作交给研究生，而选择自己处理这些琐碎的事务性工作，必然极大挤占其科学研究与人才培养方面的精力，反而得不偿失。

更为重要的是，在当前中国高校的科研管理中，研究人员自身的劳动投入是并不能算入成本的，也就是说，即使导师愿意自己承担着繁重的事务性工作，他们仍然是不可以从科研经费中为自己开支劳务报酬，其物化的劳动投入是根本无从得以资本转化的。而中国的科研管理，又不允许像欧美高校一样，把日常的事务性活动外包给独立经营的专业化企业，只能完全由科研单位自身来承担科学研究，以及由此滋生的众多简单事务性劳动。

与此相对，导师指派研究生从事各类简单劳动却能够符合财务管理的要求。对于那些科研能力较弱的低年级研究生而言，他们也许无法承担高度专业化、知识储备更深的专业性工作，而这样简单重复的活动，却并不会难倒他们，导师还可以借此培养学生的命令与服从能力，增进师生联系。更为重要的是，在当前国内科研经费管理规定中，导师是可以为参与课题研究的研究生开支劳务费的。这也意味着，当前的国内科研经费管理制度并不允许开支导师自身的劳动投入，却可以支付没有工资收入的研究生的劳动投入，对于绝大多数科研经费雄厚的导师而言，布置学生从事日常事务性活动，甚至在国内公私边界不清晰的情况下，布置学生从事替自己擦车、购物等私人性活动，而从科研经费中列支，自然是一种合理的选择了。事实上，之所以国内研究生普遍把导师称为"老板"，正源于很多研究生也依赖于导师所发放的劳务津贴，以贴补自身的生活费用，而这些愿意为研究生发放津贴或者发放津贴较为慷慨的导师，也往往被研究生追捧为好导师。

其实，研究生教育非本科生似的以课堂教育为主的单调，其与实践、应用的结合更加紧密，导师对于研究生的工作布置，往往也都是从低年级的打杂到高年级的专业性和综合性结合的递进，这其实也反映了一定的循序渐进。如果导师能够尊重学生的劳动投入，为其工作支付相应的劳动报酬的话，对于没有收入的研究生而言，不失为一种重要的补充，更为重要的是，这其实也能成为研究生进入社会之前的一次重要仿真模拟。因此，在笔者看来，并不应该简单一棒子打死，把导师对学生布置的所有非专业性工作全都否定掉。导师所布置的一些比如会务接待、商业课题的洽谈、运营与汇报，尽管也许与专业学习关系不大，但是却足以让学生接触更为广阔的领域，掌握更多样化的能力，对其眼界的开拓、能力的提升、人脉的培养的作用绝不容小觑。

当然，中国式的师生关系也更多源于长期的封建社会所建立起来的"天地君亲师"的等级秩序中所蕴含的下级对于上级，学生对于导师绝对遵从的传统。根据笔者的经验，即使在公私分明的英国校园中，相较为欧美学生，华裔与俄裔学生对于导师的服从性更为强烈，或者这些学生往往更愿意主动强化与导师的联系，为其提供一些力所能及的劳务，这其实也是源于两国文化中更为深厚的命令与服从传统。

四、规范高校师生关系的制度创新

高校性骚扰事件，完善高校反性骚扰机制已经被摆上了很多高校制度改革的日程表。但是笔者看来，反性骚扰绝不应该是规范高校导师与研究生关系的全部，更没必要把当前的高校师生关系妖魔化，对于当前国内众多高校而言，构建规范高校师生关系，建立起制度红线，引导师生关系的健康发展，而非隔绝导师与研究生之间的关系，才是推进当前我国高校研究生管理的核心所在。

国内高校必须在尊重导师对研究生的评价意见的前提下，消除导师对研究生考核的绝对权威。近期众多恶性事件的根源就在于导师对于研究生考核的绝对权威，换而言之，如果导师反对，研究生根本无以进入毕业程序，因此罗某也只有在毕业到美国留学之后，才敢于发声控诉导师陈某的性骚扰行为，可以想象，在读期间她如果坚决抗拒导师的性骚扰、触怒导师的结果，很可能根本无法毕业，更谈不上继续出国深造了。也正是这种绝对权威才是很多师德低劣的导师敢于对学生下手的根源所在。

在高校的研究生考核体系中，必须强调导师才是最熟悉研究生学习、科研情况的第一权威，导师对于学生的评价应该作为判断其能否获得学业的重要标准，但绝不应是唯一标准，或者必要条件。当然，当前很多高校在导师同意研究毕业后，还会将研究生论文送到同领域专家处进行盲审，只有盲审通过，才会进入答辩程序。在这一过程中，导师的同意往往是论文送审的前提，这也是导师的绝对权威的充分反映。

在高校的研究生管理中，更适宜建立起包含校内、校外专家的研究生毕业资格审核小组。该小组可由校内、校外专家库自动生成，但导师不得在内，这样就可以充分保证其公正性。当研究生导师同意自己学生进入毕业流程后，则由其推荐该生向研究生毕业资格审核小组提交毕业材料。即使导师不同意学生的毕业资格，高校也应该给予研究生一年提交一次毕业资格审核的权力，允许其独立将毕业材料提交研究生毕业资格审核小组审查。为了弥补导师意见的缺失，如果缺失导师推荐，则研究生毕业资格审核小组的人员构成应该增补两名校外专家，以保证其结论的客观、公正。

即使由于导师品行恶劣，拒绝研究生毕业申请，但是如果该研究生具备毕业的基本素质，达到研究生毕业的基本要求，也可以向公平公正的第三方研究生资格审核小组提出毕业申请。若研究生资格审核小组同意，就可以进入论文答辩阶段。相反，如果审核不通过，则必须至少经过一年的整改，才可以再次提交毕业资格审核的申请，从而避免审核权的滥用。

同时，国内高校还应该规范导师对研究生的管理，必须建立起规范的师生关系的投诉、监察与处理机制。在研究生入学教育中，就帮其建立起强烈的维权意识，帮助其理解维权流程。一旦导师对研究生施以一些不当言行，研究生就可以向学校研究生管理部门投诉，学校应在第一时间启动相关的审查工作，如果导师的不轨行为被证实，则必须被严厉处分。即使投诉没有被证实，也可以根据学生的意愿自由决定是否调换导师，研究生管理部门需协助其实现导师的二次选择，从而避免师生关系破裂，对学生造成负面影响。

国内高校需进一步放松研究生导师的调换机制。其实国内众多高校也都有导师调换机制，包括西安交大博士自溺事件后，校方也公布其学校存在通畅的导师调换机制。但是由于消息的缺失或者出于对原导师刻意刁难甚至报复的顾虑，使该生最终走上绝路。因此，在研究生管理中，需进一步放开导师调换权限，诸如允许每名学生在学期间申请一次调换导师，同时辅以严厉的投诉、稽核机制，从而保证师生关系的正常发展。

从制度上保证导师对于研究生的工作任务的安排，特别是与学历教育相关度不大的事务性工作安排，必须建立在公正自愿的基础之上。研究生有权拒绝导师安排的与专业研究无关的工作，否则，也可以进入导师投诉流程。当然，如果研究生甚至拒绝导师的专业研究指导，拒绝参与或配合导师的科学实验与研究活动，影响其专业能力的提高，其后果也应由自身承担，从而授予研究生参与导师安排的各项工作的自由选择权。

为避免导师把学生作为廉价劳动力使用现象的发生，学校研究生管理部门可以针对硕士生、博士生以及全职工作、兼职工作、劳动强度等制定不同的指导性薪酬设计，一方面，对于导师给予研究生的劳务报酬不予强行规定，而另一方面，又通过指导性设计，引导导师给予研究生合理的劳务报酬，避免压榨学生现象的普遍发生。

五、结论

研究生师生关系的规范并非什么新鲜话题,研究生导师沦为"老板",也是世人皆知的秘密。但是近期连续恶性事件的发生,进一步揭开了当前我国研究生与导师关系的复杂性和严峻性。如果不能合理地规范研究生导师关系,其也将成为影响我国高等教育稳定发展的"定时炸弹"。

疏胜于堵,与其谈研究生师生关系而色变,将其妖魔化,不如进一步推进高校管理机制的改革,进一步规范导师的权责,加强研究生权益的保障和维护,推进研究生与导师的关系的健康发展,提升研究生的培养质量。

第四编

金融发展与现代经济建设

核心企业是推动互联网+供应链金融发展的关键[*]

随着国内互联网金融的火爆发展,把互联网思维运用到现有的供应链金融模式之中,为供应链的中小企业解决资金短缺困难,为社会闲置资本找寻安全可靠的高收益渠道,推动金融资本和产业资本融合,已经成为当前我国互联网金融发展的热点。然而,互联网金融推动当前投资者、经营者与银行金融机构之间融合发展,为国内实体经济破解资本不足的难题、推进实体经济发展的同时,其发展过程中所暴露出的巨大金融风险也应引起公众极大的关注。

相较于传统由银行主导的供应链金融模式,互联网+供应链金融的发展拥有供求对接、量体裁衣和积沙成塔的突出优势。通过互联网+供应链金融平台,为产业资本的供求双方提供资金对接的桥梁,从而构建起投资者与经营者之间的互动平台,以P2P的方式降低了资本流动的成本,提高了资金供应效率。在供应链中,平台能够根据供应链上下游不同企业的需求的差异性,为企业量体裁衣提供个性化的资金供应,进而保证整条供应链的顺畅运行,实现供应链内部的共享发展。在资金来源方面,互联网+供应链金融模式也摒弃了完全依赖银行体系,而把责任与风险全部转嫁银行的传统模式,而是通过一种类似于众筹的模式,围绕供应链中具体企业的特定需求,以供应链上下游交易合同为担保,在互联网平台中,从众多资金供应者处筹措资本,可以有效地分散其中的收益与风险。

正是由于互联网+供应链金融模式的上述优势,其也受到了众多金融机构与

---

[*] 成果介绍:本报告受邀稿于工业和信息化部《工业通信业财经动态》,刊发于2017年第9期《工业通信业财经动态》,并受邀在工业和信息化部工业文化中心主办的《〈资本论〉和产融合作》研讨会上,作大会发言。

投资者的青睐而如火如荼地迅速展开。然而，近年来 P2P 网贷平台跑路风也给互联网＋供应链金融敲响了警钟。在互联网平台中，平台不仅仅是产业资本供需对接的桥梁和纽带，它更应该负责起资金需求项目审核的重任。在供应链金融中，以实实在在的上下游购销合同所联系起来的真实的经济交易本是其互联网＋改造的优势所在，然而，由于产业资本的供需双方信息不对称，在缺乏有效信任机制的情况下，投资者对于资金需求项目的真实性缺乏足够的了解，他们也无力通过实地调查来进行信息甄别，这就完全需要一个拥有权威的网络平台充当信任担保。事实上，在常见的 P2P 网贷平台中，缺乏公信力的网贷平台经常通过虚构资金需求项目来募集资金，从而以非法手段实现对投资者资金的榨取，这也是 P2P 网贷平台跑路成风的根源所在。如果不能破解这一症结，互联网＋供应链金融的发展也会沦为一场闹剧。

只要建立起资金供需双方间的信任机制，避免传统互联网金融中常见的信用风险，自然就可以有效保证互联网＋供应链金融的健康发展了。在供应链金融发展中，竞争力更强、企业规模更大的核心企业往往拥有着整个供应链的掌控权，因此，在一些装配制造或新能源等战略性新兴产业部门，政府更应该鼓励由核心企业或者核心企业联合相应金融机构，而非毫无利益关联的第三方，组建互联网＋供应链金融平台。在其中，政府应该承担起互联网＋供应链金融平台设立资格审核的重任，更多地保证平台建立主体的权威性和供应链关系的紧密性。

在供应链体系中，核心企业往往掌握相对完整的供应链上下游企业之间的交易信息，从而可以便捷、高效且低成本地实现对于资金需求项目真实性的审核，而它们强大的市场影响力也可以消除投资者的顾虑，成为一种事实上的信用保证，因此它们才是组建互联网＋供应链金融平台的最佳对象。

对于核心企业而言，传统的供应链金融需要通过自身的资金或自己联合银行来保证上下游企业的资金供应，这自然会给自身的现金流带来巨大的压力。然而在整个供应链中，只要有一个环节出现问题，就会引起连锁效应，从而导致整条供应链的崩溃，这也使得核心企业有动力保障全产业链的资金有效供应。

能力越大，责任越重。在互联网＋供应链金融模式中，更好地发挥核心企业的作用，围绕其建立起相对高效、安全的互联网供应链金融平台，保证供应链金融体系的信任机制，才是推动当前互联网供应链金融发展所应选择的科学道路。

打击 ICO 并非比特币时代的终结[*]

2017年9月4日，中国人民银行联合7部委发布了《关于防范代币融资风险的公告》，叫停了所有首次代币发行（ICO）融资活动，并宣布将对已经完成ICO 的组织和个人进行清退，合理保障投资者权益，妥善处置风险。一时之间，包括比特币在内的各类虚拟货币的市场价格闻讯骤跌，比特币的市场价格从30000 元左右，急跌至 23101 的短期低点，而与之类似，莱特币、以太坊等其他虚拟货币的市价也呈现出暴跌的态势。

9月15日，北京市互联网金融风险专项整治办下发《北京地区虚拟货币交易场所清理整治工作要求》。同一天，中国最大的两家比特币交易平台火币网和OKcoin 在被央行等监管层约谈后，也陆续发布公告，宣布将停止人民币交易业务。一时之间，中国将彻底关闭所有虚拟货币交易所的传言似乎已经得到了确认，以比特币为代表的虚拟数字货币在中国金融市场中的发展历史似乎已经走向了终结。

从9月初，中国金融管理当局加强 ICO 管理之后，比特币走出了一条过山车式的价格走势，价格暴跌短短数日之后，比特币的市场价格又重归涨势，两日之内就收回 27000 元大关。然而，当停止交易的最后一只靴子落下之后，其价格又直跌至 18000 元，这也极大地考验了众多比特币玩家的心理承受能力。看起来，比特币将成为这次清退 ICO 的牺牲品，而终将退出中国市场，但笔者看来，问题的答案也许并不像公众所想象的那么简单。

---

[*] 成果介绍：本文刊发于民盟中央刊物《群言》，2017 年第10 期，刊出时有删减。

一、比特币是互联网技术对于现代金融体系的改造

作为一种数字加密货币,比特币的诞生至今仍然具有浓厚的传奇色彩,其创始人中本聪的真实身份仍是一个谜团。自从2008年11月1日,中本聪在网络发布基于密码学原理和P2P思想,能够创建出一套可以绕过银行体系的数字货币流通体系的设想之后,人们才第一次意识到,现代信息技术居然可以构建出一套跨越国境、超越政府监管的数字货币。2009年1月3日,中本聪在网络发布第一版比特币客户端,并创造出第一批50枚比特币之后,比特币这种新型的数字货币才第一次为人们所熟知。

与我们生活中,由每个主权国家所主导并发行的硬币、纸币不同,比特币是一种没有物理形态的虚拟货币或加密货币,它被匿名收藏在一个包含着若干收款地址的电子钱包之中。每个收款地址是由一串包含着33个字节的字母或数字的加密字符构成的,它的每一次交易都将在整个点对点网络中广播,从而保证网络中每一台使用比特币的计算机都可以获得所有比特币的流通信息,这也最大限度地避免了比特币的伪造,从而保证其交易的安全性。

在比特币的交易过程中,整个互联网中每台计算机都将运用自己的运算能力,参与到交易的验证过程中,而最早完成验证工作的计算机将会得到额外的比特币的奖励,从而创造出新的比特币,这也就是比特币玩家口中所说的挖矿。当比特币价格迅速飙升时,越来越多的玩家开始热衷于通过挖矿获取比特币,也一度使得矿机最重要的显卡一卡难求,而中国玩家的介入,更使得本已火爆的比特币市场热情更加高涨,曾经一度全球百分之九十的矿机都位于中国的事实,更揭示了其在中国所受到的狂热追捧。

作为一种数字货币,在产生之初,比特币只是作为密码学圈内的高端玩具而私下流行。而2010年5月发生的比特币的第一次交易,美国佛罗里达州的程序员拉斯洛·汉耶兹用了整整10000枚比特币,只换了区区2个比萨。而时至今日,一枚小小的比特币的市价甚至超30000元人民币,汉耶兹先生的这两个比萨的价格的确令人咋舌。

比特币的兴起正源于全球性金融危机的发展。随着次贷危机、欧债危机席卷全球,越来越多的政府选择货币扩张来应对危机,从而导致通货膨胀与货币竞争性贬值成为一种常态。2013年,处于欧债危机中心的塞浦路斯甚至选择对储户的银行存款征税,这也让更多的人对传统货币,以及真实存在的金融体系产生怀

疑，并把目光投向去中心化的数字货币——比特币，这也成为比特币兴起的历史契机。

在现代金融体系中，人们早已熟悉了依赖政府强制力所发行的真实货币，也正是对于政府的信任才支撑着每一种货币的价值，比特币的去中心化似乎会动摇人们对它的信心，然而人类历史上的一次次恶性通货膨胀告诉我们，在贪婪的人性面前，依赖于人的决策而推行的货币发行，终归会趋于无穷大，从而使得货币的价值将会被不断稀释，津巴布韦式的货币沦为废纸的悲剧也并不是孤例。只有像比特币这样，依赖于算法，通过一种自发的过程实现货币的再发行的机制，才能够真正避免人性的贪婪所带来的货币贬值，这也正是人们对于比特币的信心所在。

从某种意义上来说，并不是比特币革了真实货币的命，而是金融危机关头，各国货币扩张对于货币价值的注水，才动摇了民众对于货币的信心，而基于区块链技术所创造的比特币，只是现代信息技术为人们化解对于真实货币的信心危机所提供的工具罢了，它是现代信息技术革命所带来的必然，也是真实金融体系内在症痼的反映。

二、ICO 是对比特币的妖魔化

比特币最大的优势就在于其自发的发行与流通机制，在这一过程之中，并不需要一个权威机构的保证，而在中本聪对于比特币的设计中，2100 万枚的规模上限，更保证了其数量不会像普通货币一样急剧注水稀释，从而维持了民众对其的信心。

然而，成也萧何，败也萧何。比特币的最大症结正在于其有限的规模设置，相较于人民币、美元等国际重要货币每年数以万亿计的新增发行量，2100 万枚比特币的天花板简直低得可怜，而衰变式的规模增长设计，更使得每年新增的比特币数量仍在递减，当市场对于比特币的需求日益增长，而其内在供应机制却不能满足之际，自然就会炒高比特币的市场价格。如何化解比特币内在的规模限制，自然成为数字货币发展所寻求的目标所在。

从本质上来说，比特币只是源于区块链技术，所创造出的一种数字加密代币，这也意味着，运用同样的技术，可以轻松创造出其他类型的数字加密代币。正如有人能够获得一套原来国家印钞机构才拥有的印币技术，那么他们也可以印出各式花纹图样的纸币工艺品。如果没有对于这些印制纸币的信任，那么它们就只是一堆废纸罢了。同样的道理，如果有人投资于创造新型数字加密代币，并获得相应的项目代币，如果这些代币并不能得到市场认可，那么它们只是一堆垃圾代码。可是，如果有人能够在数字货币市场中，炒高这种代币，建立起这些代币与法币之间的兑换渠道，那么投资者自然就可以获得不菲的收益，这也使得ICO，也就是通过投资于创造可流通的代币，并在项目上线后，通过数字交易所流通退出，从中获得其投资的代币项目的收益成为一种风尚。

在传统金融体系中，企业通过资本市场筹措资本，往往需要通过商业银行体系发行债券，或者证券公司，投资银行进行首次公开募股（IPO），其整个过程都处于金融监管部门的严密监管之下，这也保证了只有经营业绩突出、发展前景乐观的企业才能够顺利筹措到足够的资本金，而虚构利润、内幕交易等非法交易行为则会根据《证券法》严惩。

而ICO所发行的对象，已经不再是传统金融体系中的金融工具，而是基于区块链技术，甚至仅仅是对比特币的运行机制的简单模仿与复制而创建的数字加密货币。保证这些代币未来价值的，也不再是有价证券市场中企业未来的发展前景，而仅仅是市场的预期或者是短期炒作所带来的盈利机会。作为一种互联网经济所带来的新兴现象，当前的《证券法》并无法有针对性地对其进行限制，也无法对其进行有效的监督，ICO资金的用途、代币项目的前景乃至代币市场的交易行为都完全游离于现有金融监管体系之外，完全成为根本不受约束的法外之地。这也是近年国内各种名目繁多的代币项目ICO层出不穷，各种数字代币炒作成风，创造一个又一个价格神话的原因所在。

从某种意义上来说，ICO已经演化为一种金融赌博行为，在欧美国家，信用评级较低的企业，的确可以通过发行垃圾债券向投资者许以更高的投资收益，从而进行融资，而垃圾债券市场的存在，也为偏好风险性投资的投资者提供了另类的投资市场，这些投资行为固然也具有浓厚的赌博色彩，但是支持这些垃圾债券的仍然是一个个正常运营的企业业绩，从而在一定程度上，控制了投资者的投资风险。

与垃圾债券不同，市面上绝大多数数字代币本身并无价值，其仅是基于区块链技术的数字代码而已，甚至绝大多数数字代币都不拥有独立的区块链，而仅仅是通过登记智能合约的方式寄生于其他数字代币的区块链上的伪数字货币，其募集发行的过程中，又表现出浓厚的传销色彩，从而演化为一种明显的庞氏陷阱。这些传销代币毫无价值，支撑它的仅仅是一个个造富神话所虚构出来的投资者信心。一旦信心丧尽，这些代币仅仅是一堆一文不值的垃圾代码罢了。

技术是中性的，区块链技术也没有原罪。它的确为现代金融提供了别样的选择，完全改变了货币创造的经济思想，就此而言，比特币的诞生其实是一个巨大的创举，其价值的持续攀升，也证明了市场对其的坚定信心。而 ICO 的盛行，不是弘扬了比特币所依据的区块链技术，而是将其引入歧途，创造出一个美丽的肥皂泡，其美好，但却不会持久。

三、监管是对 ICO 的纠偏

作为一种密码货币，只需要获得代表比特币的电子信息，就可以直接获得其代表的价值。在整个交易过程中，所有的交易信息都通过整个比特币网络进行验证，又表现出极高的安全性。而另一方面，比特币却又无名无姓，整个交易仅仅在网络中进行，网络是根本无从得知每一名交易者的真实信息，这也使得至今仍然拥有巨量比特币的创始人中本聪的真实身份，至今仍未曝光。其匿名性的特征，又让它成为众多地下经济所追捧的对象，这其实也是为什么 2014 年以来众多以比特币为勒索对象的病毒横行网络的原因所在。如何防范通过比特币来进行洗钱或者从事非法交易的结算，已经成为众多国家维护网络金融安全的重要研究课题。

2014 年 2 月 24 日，曾经承担全球 80% 的比特币交易的全球最大的比特币交易平台 Mt Gox 宣布由于自有比特币 10 万枚，以及客户比特币 75 万枚失窃，而申请破产保护。2016 年 8 月 8 日，全球第五大比特币交易平台 Bitfinex 宣布由于受黑客攻击大约 12 万比特币失窃，都曾经诱发了对于比特币安全性的担忧，从而引起比特币价格的暴跌。事实上，作为一种网络交易平台，特别是像比特币一样，完全依赖比特介质存在的数据信息，如果没有超人的网络安全防范能力，一旦发生网络安全事件都将很容易诱发金融市场动荡，甚至引发金融危机。

从 17 世纪荷兰郁金香事件、18 世纪英国的南海泡沫、法国的密西西比风波，再到 21 世纪相继破灭的互联网神话与房价不跌神话，现代金融的发展总伴随着一次又一次的金融泡沫。在贪婪与欲望的驱使下，利益总会蒙蔽人的双眼，而把理智抛之脑后，在 ICO 投资中，投资者并不是第一次表露出自己的愚蠢与疯狂，这也永远不会是最后一次疯狂。现代金融体系正是在对于一次次金融灾难的纠正中，才一步步完善起来的。因此，叫停 ICO 并非代表中国官方对于比特币或者其所赖以建立的区块链技术的根本否定，而是对于中国投资者对于区块链技术过于迷信所带来的疯狂行为的纠正与监管。

笔者也并不如很多投资者一般，乐观地坚信比特币将能够演化为未来货币的形态，毕竟其有限的数量天花板决定了它只能成为一种小众货币。哪怕其价格更可以被炒高数十倍乃至上百倍，也哪怕其最小交易单位可以细化到亿分之一个比特币，但是其有限的数量限制与人类经济的持续发展所带来的财富的不断增长之间所固有的矛盾是无法调和的。

在权力社会中，依赖于政府的权威所强制建立的现代货币到比特币所倡导的去中心化，自发运行的区块链数字货币却是对于现代货币理论的重要革命，它从根本上颠覆了传统货币理论的根基，从而为未来的金融市场的发展提供了无穷的可能，这也将为金融互联网＋革命揭开新的篇章，就此而言，比特币的价值绝不容小觑。

尽管当前出于安全的考虑，中国金融管理当局关闭了比特币的兑换平台，但笔者认为，这仅仅是出于比特币所诱发的ICO泡沫的担忧。无论比特币，还是其他数字货币，其实都并不具有价值，支撑它们的都只是市场的信心。如果市场盲目的吹捧炒作，把大量资金引入虚拟货币的话，这恰恰是监管层最不愿意见到的金融的"脱实向虚"。这也是本次ICO监管如此稳、准、狠的原因所在。

作为一种新兴事物，其产生与发展过程中，必然伴随着无数的问题，正如近期在很多城市泛滥成灾的共享单车也成为很多人质疑共享经济的缘由，简单地一禁了之固然容易，但是这却是一种懒政，它完全抹杀了互联网思维对于现代商业模式，乃至当代产业经济发展的变革，无视其潜在的巨大价值。同样的道理，完全禁止比特币，或者关闭基于区块链技术所创造的所有数字货币的市场交易当然简单，只需一纸公文就可以彻底关闭数字货币与人民币之间的交换通道。区块链技术支持下的数字货币也许是中国金融实现对欧美金融市场赶超的巨大机遇。如果就此对区块链技术对现代货币发展所带来的革命性变化闭上了大门，当幸运女神敲响大门时，我们却紧紧地闭上大门，这未尝不是一种遗憾。

在笔者看来，七部委公告所关注的并非比特币或者数字货币本身，而是对以数字货币为外衣，行金融欺诈之实的非法行为的打击与规范。因此，即使目前比特币的交易平台将陆续关闭，但这更应该是一种阶段性的策略。在国内投机氛围没有得到彻底消除，在比特币交易平台的安全维护没有得到完全的保障之际，过多地鼓励比特币或者其他的数字货币交易都是不负责任的。

特别是作为一种相对成熟的数字货币，即使短期国内将关闭比特币与人民币的兑换通道，由于国际市场中比特币与其他关键货币的兑换仍然畅通，对其兑换的限制，也仅仅是将其交易从境内逼出国门，或者将比特币交易从公开交易，逼入场外市场，这固然将大大减少国内比特币等数字货币的炒作之风，但也极大地增加了金融管理层的监管难度，其政策走向并不明朗。

传统的中国智慧告诉我们，疏胜于堵，对于以比特币为代表的数字代币而言，引导其规范发展，强化其交易的监管，远比简单地一禁了之更理智。作为全球比特币交易最大市场的中国，也绝不会简简单单地通过一纸公文就将其逐之门外。相反，如果不对 ICO 加以规范，大量的欺诈性数字代币的出现，反而会产生明显的劣币驱逐良币效应，使数字代币被妖魔化，而人人避之不及，阻碍其正常的发展。因此，暂时停止比特币，特别是炒作成风的各种数字货币的交易，其实是维护我国数字货币市场稳定的必然策略，这也并不应该被视为我国金融当局对基于区块链思想所设计的数字货币完全闭上大门。

其实，2017 年 6 月，中国人民银行印发《中国金融业信息技术"十三五"发展规划》，宣布中国人民银行打算积极推进区块链和人工智能等新兴技术的研发，加强对金融科技领域的监管，并开始对云计算和大数据中的相关应用进行研究。1 个月后，中国人民银行数字货币研究所成立，早已表明了中国人民银行对待数字货币所持有的积极态度。

本次打击 ICO 也许将是中国数字货币市场脱虚向实，从无序的野蛮生长，走向政府主导、严密监管的健康成长道路的标志。作为最为典型的数字货币代表的比特币，固然也在本次监管管理对象之列，但是笔者相信，在未来中国的数字货币市场中，比特币仍将扮演重要的角色，只不过其交易将更多地在政府严密监管的官方框架中进行。

四、结论

区块链技术的产生对于现代金融市场，现代货币理论都带来了颠覆性的影响，作为数字密码货币的先行者，比特币的价值也受到了全球投资者的追捧。然而，2017 年以来，ICO 的火爆，却极大地催生了基于区块链技术的数字货币市场泡沫。数字货币不仅成为各色资本角逐的对象，其中所蕴藏的金融风险也在日渐暴露。如果再不加以规范，也许将会引起中国金融市场的巨震，对于尚不成熟的中国金融市场而言，这绝不是金融管理当局所期望看到的结果，因此，规范和叫停 ICO，恰恰是对于当前数字货币市场的纠偏，这对于保证中国资本市场的稳定具有重要意义。

作为一种相对成熟的数字货币，比特币固然也受本次金融监管的巨大影响，而被停止了市场交易。但是规范市场、驱逐劣币，为数字货币的发行和交易提供了规范的管理和严密的监管，恰恰是保证比特币乃至整个数字货币市场健康发展的关键所在。中国金融管理当局早已表明了关注数字货币的态度，未来发布官方的数字货币也将是大概率事件。因此，打击ICO并非比特币时代的终结，它也许只是中国规范数字货币发行与交易，将数字货币收归官方管理的尝试，它终将为比特币的发展揭开新的一页，而将成为中国数字货币发展的里程碑。

从野蛮入侵到文明退出*

——网络借贷行业良性退出原因及其启示

一、引言

随着现代信息技术与金融的紧密结合，互联网金融行业也迎来了蓬勃发展，时至今日，互联网金融成为国人金融投资的一个重要选择。其中，网络借贷领域中的 P2P（peer to peer）模式，更是在 2012 年到 2015 年间迎来了远超同行其他模式的高速发展，对传统金融行业造成了极大的冲击，而被称为"野蛮入侵者"。

网络借贷的实质是民间个人借贷的网络化，在其发展过程中，由于互联网的快速传播性、行业监管的不健全，一度吸引了众多居心不良者的恶意进入，他们以 P2P 网络借贷的名义从事非法集资诈骗，给广大民众造成了巨额财产损失，这也使得整个网络借贷行业都承受着非法集资、经济诈骗的指责，而被众多学者和媒体批判。但即便如此，网络借贷及其衍生的网络理财超市、网络贷款中介、互联网征信、网络不良资产管理等新兴互联网金融业务仍然呈现出野蛮生长的高速增长态势。

2015 年 7 月 28 日，央行联合十部委共同发布《关于促进互联网金融健康发展的指导意见》开启了我国对于互联网金融行业的正式监管，网络借贷平台被明确规定为信息中介。特别是《网络借贷信息中介机构业务活动管理暂行办法（征

---

* 成果介绍：本文 2017 年 7 月刊发于《武汉金融》，署名次序为姜达洋、刘彧、韩雪剑，为本人主持天津哲学社会科学项目"推进流通业互联网+改造，加速京津冀协同发展"（TJLJ17-003）中期成果。

求意见稿)》(以下简称《征求意见稿》)颁布之后，对于网络借贷行业的监管的日趋成熟，我国的网络借贷行业也在向着更加健康的方向发展。

2016年以来，在网络借贷行业中，一类新的现象更加高频地出现，那就是网络借贷企业的良性退出成为常态。在很多人印象中，通过非法集资获得巨额资金后，网络借贷公司的实际控制人往往会选择携款潜逃，从而使得企业由于被诉讼或被经侦查封而导致停业，这也就是通常所说的恶性退出，或者是我们通常所说的互联网金融企业的"跑路"。

然而近年来，越来越多的网络借贷公司主动公开宣布业务模式转型或停止营业，同时承诺保证所有的资金出借人[①]将能够如期收回出借本金和利息，或提前收回本金和按照时间价值折算的利息，从而通过一种良性退出的方式，保障自身的声誉，保证企业乃至整个行业的健康，稳定发展。

为什么网络借贷公司会从恶性退出转向良性退出？监管方又应该如何识别两种不同属性的网络借贷平台退出机制，进而加强对其监管，进一步规范，引导我国的网络借贷行业的健康发展？本文正是通过对于良性退出的网络借贷公司的深入分析，通过总结网贷公司选择良性退出的一些直接原因的共性，对比恶性退出和正常运营的公司，从"文明退出"的现象中为整个行业提供参考，并为行业监管提供建议。

二、网络借贷公司良性退出概述

截至2016年上半年，网络借贷公司运营的平台数量在2016年之前呈飞速增长的趋势，虽然期间有许多平台停止营业，包括大量恶性退出平台和少量良性退出平台。然而2016年以来，我国的网络借贷公司的数量却出现了明显的下滑，短短半年时间内，运营平台总数就减少了246家（见表1）。

表1　　　　　2010~2016年网络借贷公司正常运营平台数量

时间	2010年12月	2011年12月	2012年12月	2013年12月	2014年12月	2015年12月	2016年6月
数量（家）	10	约50	约200	约800	1575	2595	2349

资料来源：网贷之家《2015年中国网络借贷行业年报（完整版）》。

[①] 由于缺乏专业知识、约定俗成或便于理解，大部分公众甚至从业人员认为或称出借人为"投资人"或"理财用户"，但根据法律和监管条文定义，应当为出借人。

值得关注的是，在运营平台规模减小的同时，还出现了另一变化，2016年前良性退出平台在所有停业平台中仅占比9%；而在2016年上半年，累计停业及问题平台数量为515家，其中良性退出（停业、转型）的平台共有247家，恶性退出（携款潜逃、经侦介入查封）的共有268家，良性退出比例跃升至47.96%。2016年上半年，良性退出平台占年初正常运营平台总数已高达9.5%，其中平台主动对外公示其退出原因，且公示信息经过验证的平台数为201家，占81.38%。在平台规模方面，89.88%的平台注册资本在1000万元以上，49.8%的平台实缴资本超过1000万元，10.12%的平台实缴资本超过5000万。在年交易量①方面，50%的平台低于1亿元，只有2%的平台超过2亿元，其余48%在1亿到2亿元之间。②

网络借贷平台数量的减少，自然与行业监管日趋规范紧密相关，但实际上受其影响的多为中小型平台，从表2中可以看出，行业的整体交易量并未随着平台总数的减少而减少，反而增多，说明停业的中小型平台并未对行业整体交易量造成显著不利影响。从2016年1月开始，网贷平台数量逐月递减，但行业总成交量除2月之外，却整体呈递增趋势。在笔者看来，2月成交量的减少，更多是受到春节期间广大民众需要现金用于过节、网贷公司休假，以及网贷公司从风险控制角度避免春节前后借款人非理性贷款导致的坏账而刻意控制交易量③等原因所造成。

表2　　　　　　2016年各月网络借贷行业平台数与总成交量

月份	01	02	03	04	05	06
平台数（家）	2566	2519	2461	2431	2396	2349
成交量（亿元）	1304	1128	1360	1424	1472	1704

资料来源：网贷之家《2016年全国P2P网贷行业半年报》。

总之，虽然良性退出平台大幅增加并没有明显影响整个行业的交易量，但占平台总数高达9.5%的良性退出比，却使我们不得不关注导致这些平台选择停止运营的原因。事实上，引起我国网络借贷平台良性退出比率明显提高的因素，仍

---

① 由于平台撮合借贷债权期限不同，年交易量并不是用于横向比较的最优的衡量指标，年化交易量或年化贷款余额更加准确，但笔者未能获取此数据。
② 数据均来源于网贷之家平台数据库。
③ 由于中国社会实际情况，导致许多借款人为了春节期间"面子"进行超过还款能力的借款，或收入非稳定的借款人乐观估计了下一年度的收入而超额负债，从而极大地增加了春节期间网络借贷的风险。

然在影响着继续经营的现有平台，研究其中的原因将为正常平台未来的运作和风险管理、面临同样困境的平台的道路选择、监管方对潜在良性退出和恶性退出平台的识别和应对措施等方面带来启迪。

三、促使网络借贷平台良性退出的原因

（一）网络借贷监管带来的业务模式限定

《关于促进互联网金融健康发展的指导意见》颁布后，各部门明确责任划分并细化对于所属领域的监管，根据实际情况划分中央与地方责权与管辖范围，其中网络借贷领域明确由银监会负责。2015年12月28日，银监会颁布了《网络借贷信息中介机构业务活动暂行管理办法（征求意见稿）》。该办法采取负面清单的方式划定P2P行业的边界红线，一共分为12条，被业内人士称为"十二禁"，这其中包括禁止自融、禁止平台归集用户资金、禁止提供担保、禁止对项目进行期限拆分、禁止向非实名制用户宣传或推介融资项目、禁止发放贷款、禁止发售银行理财、券商资管、基金、保险或信托产品、禁止为投资股票市场的融资、禁止从事股权众筹。以此为标志，中国的网络借贷行业由此进入了一个规范明确、定义清晰的新时代。事实上，2016年8月24日《网络借贷信息中介机构业务活动管理暂行办法》（以下简称《办法》）正式颁布并实施。在两则监管办法颁布期间，正是网络借贷平台良性退出大幅增长的时间。

《征求意见稿》颁布后，在网络借贷行业内占据领先地位的几十个平台明确表示了支持和感谢。因为在此之前，许多以"P2P"为名义扰乱公众视听从事其他非法业务的公司一直因为缺少监管鱼目混珠，抹黑整个网络借贷甚至互联网金融行业。比如E租宝，就一直打着P2P的旗号大肆宣传，甚至将广告投放至央视，但实际上却在无照经营融资租赁资产证券化，而申彤大大集团，则是以P2P为名从事虚假的私募股权融资等等，这些企业最终难逃法网，但也给社会造成巨大损失。此次办法的颁布更好地教育了公众什么是网络借贷平台、P2P平台，从而划清了正规网络借贷公司与非法集资公司的界限。随着我国网络借贷行业的规范管理，也就撕下了这些抹黑我国网络借贷的虚假网络平台的画皮，从而保证了真正规范运营的网络借贷平台的良性发展。

可是，新颁布的《征求意见稿》也给许多诚实守法的平台带来了难题，许多

平台无法在短时间内或成本允许的条件下使自身符合监管规则，从而使得自身未来的发展运营面临更大的瓶颈，不得不选择良性退出市场，究其原因，大致分为三类：

原因1：部分平台最初的业务模式设计严重偏离《征求意见稿》要求，而转型带来的公司整体结构和盈利模式变动过大，导致无法迎合监管，不得不选择良性退出。

原因2：防止涉嫌自融、自贷，被迫进行业务转型或退出，放弃网络借贷平台。部分公司创立之初由于自有资金雄厚，以小贷公司形式使用自有资金发放贷款，随着贷款量增加超出自有资金范围，公司通过建立网贷平台进一步扩大业务规模。在《征求意见稿》颁布后，由于其自有资金仍占相对较大比例，经权衡后只能停运网贷平台，很多国有企业、上市公司、小额贷款公司所属网贷平台均在此列。

原因3：企业意识到自身所期望运营的平台实际上不属于网络借贷，因此关闭网络借贷平台，将平台改造为新的业务模式，之后不再归属于网络借贷监管范围。

事实上，在经过验证其良性退出原因的平台中，39.8%的平台公示由于原因1退出，9.95%的平台由于原因2退出，2%的平台由于原因3退出。

（二）对未来成本预期过高导致退出

在预计的未来成本增加中，可分为长期存在的预期成本增加和由于监管新增的预期成本增加。在经过验证其良性退出原因的平台中，7.96%由于长期存在的预期成本提升退出，59.7%由于监管新增的预期成本提升退出[①]。

长期存在的预期成本，包括预期之中的获客成本、网络技术成本、由于竞争加剧导致的营销成本和不良资产处置成本的迅速增长，它们往往会导致网贷平台的良性退出，尤其是获客成本的大幅提升的作用最为明显。由于互联网的高速性和广泛性，导致网络借贷行业的先入者拥有显著的先发优势，它们往往已经获取了绝大部分客户，因此后入者只有投入更多的广告成本、缩减服务费压低利润、将目标投入到更难营销的团体，才有希望实现对于先入者的赶超。

更为雪上加霜的是，以P2P名义进行非法集资的公司使网络借贷行业的信誉受到严重损害，获取客户信任的成本进一步提高，同时一些专门骗取网贷平台新

---

① 此处统计数据与前文3大主要退出原因存在重叠，存在多因素共同作用导致平台选择良性退出的现象。

用户补贴和红包的有组织的团体趁机成立，使得中小型平台获取真实有效的客户的难度越来越大，成本越来越高，远超出公司成立时的预算。根据网贷中国发布的《P2P网贷行业获客成本调查报告》，网络借贷平台获取一个注册用户的成本平均为50至100元人民币，而注册用户投资的比率如表3所示。

表3　　　　　　　　　　2015年网络借贷注册用户投资率

用户投资率	0~5%	5%~10%	10%~12%	20%~40%	40%~60%	60%以上
所占比率	29.59%	27.55%	18.37%	13.27%	4.08%	7.14%

资料来源：网贷中国《P2P网贷行业获客成本调查报告》。

　　除此之外，监管新增的预期成本攀升，主要包括新规则下的资金托管成本、业务转型成本。其中业务转型成本已在前文提及，不再重述。在资金托管成本方面，中国人民银行2015年12月28日颁布，2016年7月1日起施行的《非银行支付机构网络支付业务管理办法》，规定了"支付机构不得为金融机构，以及从事信贷、融资、理财、担保、货币兑换等金融业务的其他机构开立支付账户。"因绝大部分银行没有足够先进的网络支付系统，所以网络借贷公司在此办法颁布时均实用非银行支付机构作为支付渠道，导致所有网络借贷公司都需要将其运作的平台支付渠道进行修改。这一修改除了要与银行达成合作，缴纳更多的服务费外，还涉及大量账户数据迁移、数据加密及保护、数据库算法的修改等重大难题。

　　面对这一问题，非银行网络支付机构通过与银行达成战略合作，成立由银行维护支付账户，由网络支付机构维护转账和电子系统服务的方式进行解决。但在合作过程中，由于各方面原因，系统的研发成本和工期远高于预期，而这些成本也变相加入到了未来的消费者即网络借贷公司之中。在新的合规支付体系下，大型网络借贷公司的支付和资金托管成本提高了1.5~2.3倍，中小型网络借贷公司的成本甚至提高了3~5倍。由于新型托管设定了"实缴资本5000万元以上，运营一年以上，拥有年化年成交量1亿元以上，拥有国资、上市公司或知名风投机构投资"的准入门槛，因此，许多小型网络借贷公司被拒之门外。此外，不同于银行对证券、资产管理项目的托管，即使选择了银行作为支付账户托管方，银行仍然不承担任何的监督、指导或风险连带责任，更使广大网络借贷公司背负着更大的运营风险。

(三) 风险管理失当

风险管理是所有金融公司的经营核心之一,良好的风险管理能力更是一家金融公司能够长期经营的必要条件。由于网络借贷行业过去缺少明确的监管,准入门槛低,很多不具备金融风险管理能力的互联网公司顺应潮流成立了网络借贷平台,这些平台往往发展迅速,但因为缺乏专业风险管理能力,在危机爆发后导致停业。在经过验证其良性退出原因的平台中,35.82%的平台由于风险管理失当退出,其中有互联网公司关联背景的平台超过半数。

如表4所示,2015年是网贷行业在各项指标均达到过去最高点的一年,其中特别需要注意的是贷款余额大幅提高,考虑到整个社会的优质贷款余额并不会随着网贷行业贷款余额的增加而增加,真正的优质低风险的贷款人仍会选择拥有最低利率的银行作为融资渠道。不难发现网贷贷款余额的大幅增加意味着次级贷款和风险的大幅提高,这一指标的繁荣是承受了远超同比风险的结果。2015年出现的896家停业平台中,仅有约9%的平台是良性退出,在约91%的恶性退出平台中,约40%的平台并非非法集资恶意诈骗,而是突发性风险危机导致资金断裂,公司负责人或控制人无法处理和应对出借人和相关利益者,选择潜逃。

表4　　　　　　　2010~2015年各年网贷行业总体数据

年份	2010	2011	2012	2013	2014	2015
平台数量	10	约50	约200	约800	1575	2595
问题平台数量	0	10	6	76	275	896
成交量(亿元)	10	31	212	1058	2528	9823
贷款余额(亿元)	0.6	12	56	268	1036	4395

资料来源:网贷之家《2015年中国网络借贷行业年报(完整版)》。

风险管理的问题同样困扰着良性退出平台,在经过验证其良性退出原因的平台中,17.91%的平台诚实地承认并公布了其退出原因包含不同程度的坏账,因为坏账仍在公司承受范围之中,所以能够立即或延期偿还出借人的应收金额。19.9%的平台不能如合同规定如期支付,只能延期偿还出借人应收金额,有隐瞒坏账的可能性。此外最引人担忧的是,良性退出平台能够相对诚实地透露其坏账,但依旧正常运营的平台,其撮合债权公示情况是否属实难以检验。

（四）其他不可验证的原因

网络借贷行业良性退出的平台中，必然存在大量不愿公示其真实退出原因的公司，即使是公示其退出原因，并经过网贷之家验证，也只能确认其公示内容的属实，并不能保证无其他隐瞒。当网络借贷平台恶性退出发生时，受损失的出借人一般会通过各种个人行为和法律途径进行追索。网络借贷行业由于先前进入门槛低，在爆发性发展期缺乏严格监管，许多公司以网络借贷的名义将获取资金挪为他用，虽然最终能够兑付所有出借人的资金，但此类公司惧怕未来监管终将使公司的实际资金去向暴露，于是选择在监管办法颁布但尚未完全执行前退出。

在选择良性退出的网贷平台中，将资金挪为他用，轻则触及《办法》禁止的自融行为，重则构成经济性质刑事犯罪。从客观的角度来说，此类公司在监管正式执行前良性退出，一方面没有损害出借人的利益，另一方面其自身已经从过去的行为中获利，是一种相对文明的选择。

四、网络借贷行业良性退出的启示

（一）良性退出对个体出借人的启示

网络借贷行业良性退出的大量涌现为众多个体借贷人提供了一场生动的风险教育，通过对于良性退出和恶意跑路两种网络借贷的中止模式的对比，个体出借人能够更好理解网络借贷行业的风险和运营机制，从而帮助自己擦亮双眼，有效识别网络借贷中的欺诈行为，降低市场风险。

而另一方面，个体出借人也必须看到，随着监管逐步加强趋严，网络借贷行业快速变动，虽然存在良性退出平台比率上升的趋势，但这并不代表行业整体风险在降低。部分存在问题的平台，反而可能因为监管强度的提高，试图利用最后的时间通过各种营销方式上演"最后的疯狂"。个体出借人应该更加提高警惕性，尽量避免高利率平台，特别是突然推出高回报促销活动的平台，拒绝诱惑，防止上当受骗，对于可疑的平台及时举报，保障自己和其他个体出借人的利益。

在实际网络投资过程中，个体出借人需要对网络借贷的投资风险进行差异化识别。对于过去投资的在网贷之家、大公评级、社科院评级及互联网金融协会名单上靠后或无评分，且利率高于行业平均水平的平台，务必提高警惕，可以考虑通过债权转让等方式提前赎回资金，将资金暂时放置于更为安全的投资渠道，等待监管正式完成，行业更加安全再重新做出判断。因为利率并非反映一个平台是否安全的唯一指标，因此对于利率不高于行业平均水平的平台也不能掉以轻心。

此外，对于发布良性退出公告的平台，也应该进一步调查企业的相关信息和动态，防止部分恶意企业利用公告作为幌子，意在拖延时间携款潜逃。

（二）良性退出对监管部门的启示

在2016年上半年，恶性退出平台与良性退出平台存在如下几点较明显差异，如表5所示。

表5　　2016年上半年良性退出与恶性退出平台差异比较

	良性退出	恶性退出
产品期限	平均6.5个月	平均3.2个月
支付模式	100%选择了与第三方支付机构合作完成网络支付	约70%选择了与第三方支付机构合作完成网络支付，其余并未与第三方支付合作
资金托管	约98%选择了第三方支付机构资金托管	约40%选择了第三方支付机构资金托管，约有20%以假托管欺骗用户，其余未托管
资金托管的合作方	约90%选择了汇付天下、连连支付、联动优势、易宝支付、财富通支付，约10%选择了其他市场占有率非前五的托管渠道	约20%选择了易宝支付，约20%选择了其他市场占有率非前五的支付和托管渠道，其余未选择资金托管
担保方式	约40%无担保，约24%由第三方担保公司担保，约36%由母公司担保	约6%无担保，约10%由第三方担保公司担保，约84%由母公司提供担保

注：在此表中，由于部分网贷平台选择的托管方式、担保方式存在争议，同时存在部分平台与多家支付公司合作并以其中一些作为备用的情况，因此数据不能做到绝对精准。
资料来源：网贷之家平台数据库。

首先，监管方完全可从良性退出平台吸取经验，建立网络借贷风险诊断指标体系，科学、有效地识别恶性退出平台。良性退出平台的大幅增加让网络借贷平台经营所遇到的问题更真实地展现出来，监管机构可以从中吸取经验，从平台产品类型、产品期限、风险管理方式、支付模式及渠道选择、是否存在担保及担保方式等指标入手，判别公司是否已经处于经营困难阶段，以及未来是否可能发生恶性停业，通过对于上述指标的全面诊断与分析，从而提前采取措施介入，保护广大出借人利益，防止以网络借贷为掩护，行非法集资之实的不法分子恶意退出，影响市场的稳定运行。

值得注意的是，在平台退出过程中，无担保的网贷平台可以选择将借款人逾期的应收金额延期分期偿付，甚至承认坏账并拒绝偿付，虽然仍造成了部分出借人的损失，但能够保证运作的合法和透明，并得以维持平台继续运营，才能保障多数出借人的利益。而恶性退出平台往往为了吸引客户，提供虚假担保，在呆账坏账产生后无法承担损失，选择潜逃。在恶性退出平台中，母公司担保型平台占比高达84%，这也值得监管部门特别关注，并以此建立预警机制，防范网络借贷恶意跑路现象的大量出现。

其次，监管带来的合规成本增加是网络借贷公司一大负担。由监管带来的新的行业门槛是导致2016年网贷平台良性退出突增的最直接原因。虽然监管本身出于规范行业经营、保护借款人和出借人利益、稳定金融市场秩序、指导互联网金融行业长期稳定发展为目的，但在划清业务模式边界的同时也扼杀了一些金融创新行为，也许在未来会对某些模式再度放开，但现阶段新规确实导致了许多公司停止部分业务线乃至整个公司的经营。

其中，现行互联网金融监管新政对网贷平台冲击最大的是对金融支付渠道的新规定，银行业完全可以利用其政策地位形成垄断优势，通过政策租获取额外收益，且不同于银行对证券、资产管理项目的托管，银行在托管网络借贷资金时并不附带任何的监督、指导或风险连带责任。此外银行业还在银监会监管规定的准入门槛外额外设立了自身的合作门槛，直接将部分网络借贷公司排除在外，使其无法合规。监管办法的这一规定，与央行在支付宝对传统银行产生冲击后进行的支付限制措施类似，保障银行业的主导地位和利润，维护金融市场稳定。

从结果上看监管带来的影响，正如前文所述，虽然导致网贷平台数量减少，但并未影响到行业整体交易量的增长。此次监管办法在规范网络借贷未来发展的同时，力度也在行业健康发展的承受范围之内。但由监管产生的成本，不仅直接导致了许多网贷平台的停业，也严重冲击着继续运营的平台，未来将会有更多的平台直接因此停业，且成本的攀升将影响继续运营平台的运营方式，加剧资金断裂风险。

当然，这些新增的成本固然是网贷公司可承受的，但也并不能认定其是合理的。银监会可以考虑优化管理规则，如约束银行业对网贷托管账户的收费，限制银行业享受的政策租等。同时希望互联网金融行业能够进行进一步创新，考虑通过证券托管账户分账户，特别是流动性较好的货币基金账户为支付渠道进行创新；或与新兴的网络银行如网商银行、微众银行合作，减少由垄断导致的市场效率损失。希望金融市场自由化改革能够加快实施，适当减少没有风险控制功能并增加行业总体成本、降低效率甚至引发寻租行为的规定。

（三）良性退出对网贷企业的启示

随着良性退出平台的大幅增加，继续运营的平台也应从中吸取经验，理性看待与已退出平台面临的类似问题，为自身未来的发展提供指导。

首先，应该允许并鼓励网络借贷平台理性选择良性退出。许多继续运营的平台实际面临着比已退出平台更严峻的问题，但由于种种原因尚未选择退出，然而，更多企业退出市场已不可避免。此时，一方面企业应当理性看待停业，文明离开这个竞争愈发激烈的领域，将目光转向未来或其他领域，另一方面监管机构也应提高注意力，防止此类企业恶化为恶性退出。

其次，可以通过中小企业的并购行为，提高企业竞争力，达到银行业设立的门槛，继续维持经营。值得强调的是，银行业在监管办法下额外设立的行业门槛，也是导致许多平台退出的直接原因。中小企业可以选择通过并购或被大企业收购的方式，达到银行业设立的门槛，以合规的方式继续维持经营。

最后，还应该加快开发金融创新模式或正确转型，以新的业务模式继续经营。在监管之下，许多企业选择关闭网络借贷平台，转型为其他业务模式，在继续运营的平台中仍存在大量企业部分业务不符合监管要求，应加快不合规业务转型，或通过金融创新以新的企业身份和方式运作原盈利模式下的业务，实现企业自身和行业监管的双赢。除大企业转型综合金融超市外，已有部分中小型企业转型为证券、保险代销网络平台，相信有更多的转型方式将被创造出来。

五、结语

4年的时间让一部分曾经的"野蛮入侵者"变成了现在的"文明退出者"，监管办法的颁布在可承受范围内增加了企业的成本，加速了网络借贷企业的优胜劣汰，带来了更多的网络借贷企业以各种恶性或者良性的方式退出市场，以规范和标准引导整个行业更加健康的发展。

随着我国对于互联网金融的相关法律法规的密集出台，互联网金融对传统金融的冲击,又一次以政策限制收尾,这也大大地减缓传统银行业所面临的竞争压力。然而,竞争越发激烈的网络借贷行业对仍旧运营的平台提出越来越高的要求,许多存在较大风险隐患或经营困难的网贷公司应吸取经验教训,理性选择未来的道路,同时监管方也应警惕这类公司触犯法律,恶意跑路,给投资者带来巨大的经济损失。

通过规范的法律法规,引导运营困难的网络借贷企业,选择良性退出方式,将其对广大投资者的伤害降到最小,并最终绝迹,中国的互联网金融行业才能够真正步入正轨,为中国经济增添活力。

参考文献:

[1] 姜达洋. 看懂互联网金融这局棋 [M]. 北京:中国人民大学出版社,2015.

[2] 盈灿咨询. 2015 年中国网络借贷行业年报(完整版)[R]. 网贷之家. http://www.wdzj.com/news/baogao/25661.html. 2016.

[3] 盈灿咨询. 2016 年全国 P2P 网贷行业半年报 [R]. 网贷之家. http://www.wdzj.com/news/baogao/30277.html. 2016.

[4] 谢平,邹传伟,刘海二. 互联网金融监管的必要性与核心原则 [J]. 国际金融研究,2014(8):3-9.

[5] 俞林,康灿华,王龙. 互联网金融监管博弈研究:以 P2P 网贷模式为例 [J]. 南开经济研究,2015(5):126-139.

[6] 卢馨,李慧敏. P2P 网络借贷的运行模式与风险管控 [J]. 改革,2015(2):60-68.

第五编

营商环境与现代化城市建设

完善"海河英才计划",堵死户口空挂漏洞[*]

2018年5月16日,在第二届世界智能大会的开幕式上,孙文魁副市长宣布"海河英才计划",向世界展示了天津广招天下英才的坚定决心和诚意。一日之内,30万人下载登录"天津公安"App申请办理落户,市内各大行政审批服务中心人满为患,数以万计外来人才彻夜排队办理落户的盛况通过网络媒体迅速发酵,并成为近期国内热议的焦点话题。然而众多媒体热议的并非天津招揽人才政策本身,反而是户口空挂、房市火爆等滋生事件。从各类人才落户零门槛到96个小时四次调整海河英才的落户要求,天津市政府一直在不懈努力不断封堵政策漏洞。如何进一步完善"海河英才计划",堵死户口空挂的漏洞,也将成为考验天津市政府决策能力的一张重要试卷。

一、人才新政为何带来户口倒挂

事实上,天津并非第一个宣布类似的招揽人才政策的国内城市,在此之前,深圳、南京、西安等城市都颁布过类似的人才计划,但是无一像天津这般引发公众关注。根据西安新闻网,自2017年初,西安公布人才新政、户籍新政和创新创业新政策,一年以来,西安共计引入各类人才20.9万人,且不及天津一日的申请数量,这一巨大的落差,不仅反映了海内外英才对于天津的高度评价,更反映了天津人才新政的社会影响力。

---

[*] 成果介绍:本报告是2018年与天津市委研究室合作关于天津市营商环境建设的调研课题的中期成果,本报告2018年5月被天津市民盟采纳,刊发于《天津民盟信息》2018年第82期,并报送中共天津市委统战部办公室,天津市政协研究室宣传处。

当然，之所以天津的"海河英才计划"能够引起如此重大的社会反映，除了作为直辖市所拥有发达的城市经济体系、完备的公共服务体系和巨大的经济发展潜力之外，还有两个重要的原因。

首先，首都北京未落户人口的大量涌入。根据媒体报道，"海河英才计划"公布后，赴天津申请落户的七成以上来自北京，这些人口大多在北京已经拥有相对稳定的工作，甚至拥有住房，但是由于没有北京户口，而导致子女入学、医疗保障等面临重大压力。近期粉笔蓝天科技有限公司CEO张小龙声称在北京纳税8000万，孩子却无法就读私立学校，正反映了这一人群的实际诉求。

由于京津城际已经将京津生活圈距离缩短为30分钟，"海河英才计划"的颁布使这一人群看到在北京就业、落户天津，让孩子在天津读书生活的希望。然而，他们却大多并不愿意放弃现有在北京的稳定工作，可是如果"海河英才计划"大量引入此类人群，只会导致户口的大量空挂，并不能给天津带来真正的创新创业的人群，也难以为天津的经济建设带来实实在在的贡献。而这些人恰恰是最早做出反应、积极响应政策号召、申请落户天津的人群。

其次，超高的高考录取率是天津户口含金量的保证。对于很多中国家庭而言，孩子的前途是家长做出一切决策的重要基础，高考难易度已经成为决定很多家庭户籍转移的"指挥棒"。也正是之前由于高考录取率低、高考分数线高，才导致山东人口新政"一人引入，全家落户"遭到网民的集体嘲笑，即使父母愿意以人才引入的方式进入山东，也不会有太多人选择把孩子的户籍关系迁至高考难度更高的山东，这样的用脚投票的机制，恰恰解释了当前高考难度差异对于各地人才新政效果的影响的不同。

在2017年的高考招生中，天津仅6.2万考生，5.9%的985高校录取率甚至高于上海和北京，成为全国高考录取率最高的省区市，这对众多情系子女教育问题的家长而言，绝对是极有诱惑力的。

多年以来，众多外省家长都是通过在津购房获取蓝印户口的方式将子女学籍迁入天津，而实现高考移民。2014年5月，天津禁止对无法提供在本市累计一年个人所得税缴税证明和社会保险缴纳证明的非本市居民售房，也就完全封死了通过蓝印户口获得天津高考资格的渠道。而事实上，通过非法渠道，由各类中介代办天津户口的交易始终没有断绝。而"海河英才计划"的颁布，让更多希望高考移民改变命运的家庭，看到了免费、合法获得天津户籍的可能，这也吸引更多的有意将子女转入天津参加高考的家庭申请落户天津。

二、人才新政必须封死户籍空挂

2017年天津市GDP增速跌至全国垫底的3.6%，2018年第1季度更跌至1.9%，已经警示天津经济到了迫切转型的关键结点，这才倒逼"海河英才计划"的推出。通过更为开放的人才政策，引入天津经济转型所迫切需要的急需人才，借世界智能大会的东风，推进天津现有产业的互联网+改造，发挥天津制造业优势，加速天津智能制造发展，提升天津创新能力，也将是未来天津经济发展的必然选择。

随着雄安新区建设的加速，京津冀协同发展，已经从原来的京津"双城记"，走向了更加立体，更为多元的协同发展格局，北京的非首都功能的疏解，经济资源的转移也逐渐摒弃产业落差最小，产业对接最便捷的天津，而转向更具政策优势的雄安新区，这也直接导致了2017年以来天津经济的急速下滑。从某种意义上来说，在当前的京津冀协同发展中，天津不仅面临着前有北京的围追堵截，后有雄安的紧追不舍，天津经济发展所面临的竞争压力愈发巨大。从这方面而言，"海河英才计划"正是天津化解当前经济困局的必然选择。通过"海河英才计划"吸引国内外，特别是京冀区域的创新创业人才，以最具流动性的人才的合理配置，进一步推进京津冀的产业融合和资源优化，也将进一步推进京津冀区域协同发展。

然而，从实际实施过程来看，为了追求世界智能大会发布的轰动效果，"海河英才计划"的推出显得过于仓促。其政策思路固然科学，但是其实际操作中不乏漏洞，也给了很多人钻空子的机会，从而导致国内外媒体所关注的户口空挂现象的突出呈现。

如果"海河英才计划"引入的主要都是一些仍然在外地就业却希望享受天津的教育、医疗、交通等公共服务的所谓人才，不仅无法增加天津的经济创新能力，反而进一步增加天津的城市拥堵度，增大城市公共服务压力，降低辛勤奋斗在服务天津经济建设一线的天津市民的幸福感受，反而构成了一种逆激励，甚至倒逼天津原有人才的加速离开，显然就与该政策的初衷背道而驰了。

一些媒体把"海河英才计划"定义为对于天津房地产市场的刺激政策，这不仅曲解了当前的政策效果，更违背了中央"房屋是住的，不是炒的"决策思维，进一步推升了天津房地产市场炒作风气，也不利于天津经济的健康、稳定发展。

其实没有任何一项政策从一开始就是完美无瑕的，"海河英才计划"中存在问题并不可怕,关键是要及时发现问题、解决问题,不断完善政策体系,有意识地引导政策导向,提升政策效果。从这方面而言,"海河英才计划"宣布以来,人才落户政策的几次微调,其实很好地表达出天津市政府实实在在引进天津经济发展所急需人才,控制天津房地产市场炒作的政策目标。但是,在后续的发展中,仍然需要有针对性地完善现有政策内容,优化当前政策体系,堵死户口空挂的漏洞,为天津的经济发展引入真正需要的人才。

三、进一步完善"海河英才计划"政策建议

其实,现在的"海河英才计划"的最大矛盾就在于难以甄别人才落户的真实意图,无法区别真正有志于赴津创业发展的人才和只是为了享受天津的公共服务,并不愿意来津发展的投机人员。因此,必须在落户和享受公共服务之间筑起有效的防火墙,一方面根据"海河英才计划"的设想,在人才落户方面实施低门槛,持更开放的态度,而另一方面,根据人员对天津的实际贡献来分配住房、教育、社会保障方面的利益,加大对于落户投机分子的甄别、清理和惩处,防控户口空挂风险。

第一,仍然坚持"海河英才计划"制订方案,在人才落户方面,持相对开放的态度,积极主动地审批符合条件的落户申请人的落户申请。通过申请人主动申报工作履历、书面承诺来津发展意向对其进行初步约束。积极利用税收系统和社保系统的信息共享,将办理落户天津一年以上却仍在异地有稳定所得税缴纳和社保缴纳记录的落户人列入黑名单,并予以清退,五年内不再接受其落户申请。对于办理落户却没有实际就业的人员,进行就业辅导和创业指导,积极鼓励其投身天津经济建设,以确保每一名落户人员都能够在天津落地生根,服务天津经济建设。

第二,可以根据个人贡献放松"海河英才计划"的约束条件。对于在异地仍有稳定就业或收入,但能够为天津经济做出突出贡献的申请人,如院士、长江学者等国家级荣誉称号获得者,天津市技术进步一等奖第一获得者;所拥有的技术专利在天津企业中创造过亿元经济价值;创造企业所得税过 1000 万的在津注册企业法人;在津缴纳个人所得税过 100 万自然人;在津实际直接投资过 1 亿元的企业法人,年均雇员数超过 500 人的企业法人等等,可以通过本人提出破格落户申请,放松审核标准,准予落户天津。对于不选择落户天津,但每年有半年以上在津工作时间的特殊贡献人员,也可以放松标准,在购房、子女入学等方面给予

特殊优待，进一步推进人才利用机制创新，从而实施柔性的人才开发利用机制，更加灵活地实现高素质人才的引入、开发和利用。

第三，有效加强房地产市场炒作的监管。海量人才的涌入自然会增大房地产市场需求，推高天津房价，并导致房地产炒作进一步抬头。因此，天津市政府在进一步保障土地供应，针对人才提供廉租或周转房，加强预售楼盘的价格监管的同时，还需要进一步针对新落户人员制订购房政策。对于新落户人员的住房贷款申请要求三年以上本市个人所得税和社保的缴纳记录，无相关记录的新落户者可一次性购房一套，而无法享受住房贷款。

第四，对于引进人才子女在津高考设置合理的限制条件。对于群众意见最大的高考移民问题，合理设置限制条件并非是对新引进人才的歧视，反而是维持公平秩序的必要保证，在这方面，推出人才新政的西安其实也同样采取一面加大引入人才，一面对引入人员的高考设限，就引起了较好的社会反响。建议除特殊引入人才外，对于入读本市幼儿园、小学、中学的新引入人才的子女入学申请，要求申请者的父母至少有一人拥有本市户籍，且拥有本市三年以上个人所得税和社保缴纳记录。如果申请在津高考，则必须在截至高考当年，在津拥有三年连续学籍，并顺利修完高中学业，且要求考生本人户籍在津且满三年以上。从而避免申请本市户口后直接申请子女参加天津高考，有意识地利用政策漏洞的投机行为的大量滋生。

四、结语

"海河英才计划"是天津推进创新发展，加速经济转型的重要选择，以开放的胸襟，欢迎国内外优秀人才来津创新创业，推进天津经济转型发展，也将进一步推动人才资源在京津冀，乃至全国范围的优化配置，持续推进京津冀协同发展。而"海河英才计划"实施过程中，一些企图来津实现户口空挂，享受天津优质公共服务的人员的大量涌现，又需要我市进一步加强对于落户人才的稽核，不轻易放入任何一个只想索取、不愿投入的投机分子。通过张弛有道的人才政策，增强天津的人才集聚，推进天津经济的进一步发展。

对标都市产业竞争，全面改善天津营商环境[*]

2017年7月17日，习近平总书记在中央财经领导小组第16次会议上，强调要改善投资和市场环境，加快对外开放步伐，降低市场运行成本，营造稳定公平透明、可预期的营商环境，加快建设开放型经济新体制，推动我国经济持续健康发展。

党的十九大报告中特别提出"全面实施市场准入负面清单制度，清理废除妨碍统一市场和公平竞争的各种规定和做法，支持民营企业发展，激发各类市场主体活力。"这充分反映了党和政府对于打造和谐、稳定、健康的营商环境的关注。

2017年11月，天津颁布实施《关于营造企业家创业发展良好环境的规定》（简称"天津八条"），为天津打造良好营商环境提供了制度支持，并借助于"双万双服"的全面推进，"天津八条"实施半年以来，天津市营商环境有了明显的改善。

然而，与此同时，北京、上海、深圳等国内一线城市也相继制定了改善营商环境的相关政策，杭州、南京、武汉等二线省会城市更在人才引进、配套投资、政策创新方面做好文章，营商环境大为改善。天津的营商环境建设面临着前有堵截、后有追兵的严峻局面。2017年在全国35个直辖市，副省级城市、省会城市的营商环境排名中，天津仅居第11位。在2018年2月颁布的《亚布力论坛·新华中国营商环境指数》中，天津甚至未入榜单前20名，竞争压力巨大。

天津必须正视当前与国内其他重要城市在营商环境建设方面的差距，进一步深化"天津八条"实施细则，研究其他大都市在打造营商环境方面的经验教训，

---

[*] 成果介绍：本报告是2018年与天津市委政策研究室合作关于天津市营商环境建设的调研课题的中期成果。

加速我市营商环境建设。

一、外省市营商环境建设的相关经验

目前，全国各省市都把强化营商环境建设作为稳定区域经济发展、推进产业创新升级、优化区域经济结构的重要抓手，而大加重视。从策略思维上来看，其政策手段主要包括：提升公共服务质量，创造更优厚投资创业环境，推动人才、资本等创新资源集聚，创造公开、公平、公正的市场竞争格局，奖励创新创业，简政放权，放管结合等等。从总体而言，我们可以发现以下规律：

（一）特点鲜明的都市产业定位是最大的营商环境

从国内城市经济的总体发展来看，往往二三线城市推出优化营商环境政策的动作最大，在这方面，南京、武汉、杭州表现得最为突出。而北上广等一线城市固然也采取了众多优化营商环境的举措，但是其政策力度明显偏弱。然而，在近期各大媒体公布的国内重要城市的营商环境排行榜中，尽管上述二线城市跃升明显，但是北上广仍然位居前列。打造营商环境的政策力度的不足，并没有过大影响投资者对其营商环境的整体评价。

营商环境在某种程度上是国际投资理论中投资环境的一个变量，或者可以认为是投资环境在新时期，被赋予了更多的内容。对于投资者而言，盈利能力始终是评价投资是否合适的核心标准。各城市的现有都市产业链是否能够支撑自身产业的全面发展，创造更大的投资机会，是投资者决定是否投资的关键所在。比如即使没有更优厚的招商政策，北京的"四个中心"城市定位、上海的国际金融中心的地位，也足以保证对于外来甚至国外投资者的吸引力。与一线城市的整体产业全面突破相比，二线城市更多依靠优势特色产业的单点突破，打造自身品牌，杭州的移动互联和贵阳的大数据的傲人成绩，正是其营商环境持续提升的关键所在。

（二）制度化，法制化是营商环境的基本保障

在营商环境建设1.0时代，各地往往通过积极的财税政策、选择税收减免或者投资返还等实实在在的经济支持手段，吸引外来投资，营造良好的投资环境。

随着中国特色社会主义市场经济体制的逐步健全，市场经济的公平、公正开始在中国经济中得到广泛认可，WTO倡导的非歧视性原则开始深入人心。在现代的营商环境建设2.0时代，通过制度创新，打造公平、公正的竞争秩序和市场环境，已经成为各个城市吸引外来投资的必然选择。

正如党的十九大报告所言"全面实施市场准入负面清单制度，清理废除妨碍统一市场和公平竞争的各种规定和做法，支持民营企业发展，激发各类市场主体活力。"以往在一些省区市引进外资方面的所赋予外企的超国民待遇，严重破坏了公平竞争的市场秩序，特别是民营企业在处于政府荫护之下的国有企业与外资企业的夹缝之间艰难生存，更是严重地伤害了市场活力，因此，以地方法规的方式试行负面清单、放松市场准入门槛、减少对于外资与民间资本的投资领域的限制、扩大市场自主权、激发市场活力是各省区市改善营商环境的常见政策选择。

北京明确严格界定政府投资范围，市属国有资本一般不再以独资增量的方式进入完全竞争领域。全面落实民间资本准入平等待遇，任何部门不得对民间资本单独设置附加条件、歧视性条款和准入门槛，积极鼓励民间资本参与本市重大工程建设和国有企业混合所有制改革就体现了放松民间资本管制的政策趋势。

深圳背靠港澳，因此更加强调外资投资环境建设，特别规定放宽外商准入限制。除法律已明确的限制性规定外，将自贸试验区外商投资负面清单管理模式推广至全市。凡外商投资负面清单以外的外商投资项目，切实做到法律上平等、政策上一致，实行国民待遇。同时规定放宽港澳专业人士执业许可，拥有港澳执业资格的金融、会计、规划、设计、建筑、医疗等港澳籍专业人士，经批准后可在全市执业。

上海充分发挥自贸区先行先试的政策优势，正式启动市场准入负面清单制度试点，深化外商投资管理、境外投资管理和商事制度改革，确立以负面清单管理为核心的投资管理制度，并于2013年、2014年、2015年连续三年制订了三版负面清单，对负面清单之外的外资企业设立和变更实行备案管理，目前超过90%的外资企业设立可以采取备案方式，90%左右行业的外资享受准入前国民待遇。

借力阿里巴巴，强调民企成长的杭州特别提出全面落实民间资本准入平等待遇，任何部门不得对民间资本单独设置附加条件、歧视性条款和准入门槛。积极鼓励民间资本参与全区重大工程建设和国有企业混合所有制改革。

（三）简政放权，推进放管服改革，优化公共服务

政府对企业管得过死，行政效率低下，一直是各营商环境恶劣城市饱受非议

的重要方面。进一步理顺政府与企业关系，进一步压缩和规范行政审批事项，构建清亲高效的政务环境已经成为各省市推进营商环境建设的窗口工程。

北京公布了首都优化营商环境的"9+N"（九项主要政策和N项配套措施）一揽子政策，聚焦办理施工许可、开办登记、纳税、获得电力、跨境贸易、获得信贷、登记财产等重点环节，以精简环节、精简时间、精简费用、增加透明度为重点，大力推进"放管服"改革，加快发展"互联网+政务服务"，创新服务方式，优化服务流程，努力为企业创造审批最少、流程最优、效率最高、服务最好的营商环境。

通过权力清单，从正面权力清单和市场准入负面清单两个方面，严格限定政府角色，也是各省区市改善营商环境的共同选择。如北京就公布了统一权力清单、中介服务事项清单、各类证明事项清单、市场准入负面清单、各类行政许可证件清单、职业资格许可认定清单等6张清单，制定了四级政务服务事项目录，统一规范事项基本要素。深圳则全面推行了清单管理制度，公布权力清单、责任清单、市场准入负面清单、行政事业性收费清单、财政专项资金清单、证明事项取消清单、人才公共服务清单、建设项目环保分类管理清单（名录）等8张清单，同时，建立健全了清单动态调整公开机制。

发展智能政务，推进信息共享，也是提升政府公共服务效率的重要选择。杭州尝试设立了大数据管理部门，负责研究制定政府和公共大数据收集、管理和开发应用规范，组织编制电子政务建设规划并组织实施，组织协调政务信息资源共享、政务大数据平台建设与维护。同时，出台了政务数据的共享和开放法规性文件。加快推进政务信息的部门间共享和社会化利用，强化数据安全管理。上海则全面推进"一网通办"加快建设智慧政府工作方案，在推进数据资源归集、共享、应用，以及建设统一受理、协同办理、综合管理为一体的政务服务体系方面，推出重大举措，实现市区两级企业审批和服务事项90%以上全程网上办理最多跑一次。

（四）制度创新推进技术创新，实现经济发展动能转换

随着信息技术在现代产业发展中的广泛应用，资本和简单劳动力的经济贡献率持续下滑，科技与创新成为现代经济发展的核心动力。以往劳动密集、技术密集的传统制造业，逐渐让位于科技创新驱动的战略性新兴企业。在一大批新兴产业领域中，更具创新活动的中小企业，已经成为带动都市经济结构转换，实现创新驱动的重要动能。因此，各省区市通过加大创新人才引进，培育创新融资体

系，鼓励区域创新创业发展，实现了经济动能转换。

即使是创新人才最为集聚的北京也颁布了《关于优化人才服务促进科技创新推动高精尖产业发展的若干措施》，创新人才引进与开发，利用机制加强对于海内外优秀人才的引进、评价、激励、流动、培养、服务保障，突破以学历学位或职称评价的原有模式，更加聚焦高精尖产业和急需紧缺人才的业绩、能力和贡献，提升人才引进的实际效果。

杭州则借鉴美国、加拿大、英国等发达国家的投资移民、技术移民制度，积极争取国家支持，在杭州探索试点永久居留制度和移民制度改革，完善高层次外籍人员出入境、人民币汇兑、通关等便利，加快吸引全球高端人才来杭州创新创业。

近年房价飙升的深圳则把人才引入的关键落于住房保障上。加大保障性安居工程筹集建设力度，扩大人才住房和保障性住房供给。硕士研究生及以上学历人才优先承租人才住房，符合条件的可申请购买建筑面积90平方米以下的人才住房。同时，探索人才住房先租后买、以租抵购制度。建立人才住房封闭流转机制，建立全市统一的住房租赁服务和监管平台。

在鼓励创新经济发展方面，杭州发挥以阿里巴巴为核心的大企业孵化功能，涵养一批以独角兽企业为代表的新经济、新业态、新模式，以"两化"融合、智能制造、"互联网+"为主攻方向，全面打造信息经济升级版，进一步巩固电子商务产业先发优势，重点引培大数据、物联网、云计算、区块链、人工智能等战略性新兴产业，切实提升数字经济自主创新能力和核心竞争力。

为了消除山寨，仿冒对于创新经济的冲击，深圳着力构建强有力的知识产权保护体系，继续推进知识产权与标准化战略纲要的实施，逐步形成覆盖各个领域的全方位知识产权与标准化联盟。制定专利、商标、版权等各类知识产权保护条例与相关实施细则，推进知识产权保护落到实处，形成知识产权保护长效机制。建立、健全知识产权行政执法信息管理系统，将信息档案资源与行政执法力量、司法保障设施相结合，对侵犯知识产权的行为予以严厉打击。

二、其他城市营商环境建设政策对天津的启示

尽管各地打造良好营商环境的举措各不一样，但是其整体政策思路与天津市的"天津八条"如出一辙，这也从侧面验证了制订"天津八条"的必要性和紧迫性。但是综合北上广深等一线城市，以及杭州、宁波、武汉等二线城市的营商

环境建设策略，还是可以为天津进一步推进"天津八条"落地，优化营商环境建设，提供一些借鉴。

（一）深化"一基地三区"城市定位，打造特色王牌产业

具有特点鲜明的产业定位是营商环境的核心。从北方经济中心到"一基地三区"的城市定位，也反映了党中央、国务院对于天津产业定位的逐步深入，更进一步反映出天津的产业发展特色，对于进一步优化自身营商环境创造了更加良好的条件。

对于天津而言，处理好与首都北京的关系，服务好京津冀协同发展，是目前的首要任务，这也为天津进一步发挥自身制造业基础雄厚的产业优势，确定具有差异性、特征鲜明的王牌产业提出新的挑战。因此，未来天津的产业发展必须进一步加强制造业与服务业，特别是生产性服务业的融合发展，推进产业信息化、智能化和精细化。因此，可以借助智能大会东风，重点发展智能制造、精细制造，围绕核心企业发展本地产业配套，推进区域产业链建设，以此集聚与吸引外资企业、民营企业融入天津区域产业链，吸收北京的智力资源，开发京津冀市场资源，深耕京津冀市场，进一步深化京津冀协作。

（二）利用改革开放先行区政策红利，打造公平开放竞争格局

改革开放先行区是党中央、国务院赋予天津推进政务改革的重大红利。天津更需要把握这一政策优势，加强营商环境建设的顶层设计，把握京津冀协同发展、"一带一路"城市协作、天津自贸区建设等重大机遇，进一步完善天津政策法规，在"天津八条"的政策指引下，进一步细化职能分工，由市属各部门，各单位分解"天津八条"的任务分工，加速行政条例、部门规章的建设工作，特别是在降低行业门槛、规范行政职能、提升行政效率、保障企业家权益、加强创新指引等方面，明确制度规范，使得行政执法活动有法可依，有法必依，打造公平、公开、公正的营商环境，消除投资者投资顾虑，加速营商环境建设。

民营企业是现代经济中最具活力的市场主体，因此，打造天津营商环境政策体系的关键在于进一步保障民营企业利益，为民营经济发展创造良好的政策环境，进一步推进"双万双服"活动，推进行政部门深入民营企业解决实际困难，为民营企业发展解决融资困难、人才短缺等实际难题，激活民营经济活动。

(三) 完善权力清单建设，构建清亲和谐政商环境

营商环境归根到底是要构建和谐有序的政府与企业的关系，一方面减少政府行政力量对于市场的干预，深化行政审批制度改革，推进放管服，降低企业交易成本，另一方面仍然需要加强、完善政府对于市场秩序的监管职权，打击不正当竞争行为，保证市场的有序运行。通过政府权力清单建设，从制度上明确政府的行政权限，严格限定政府公共服务行为，提升公共服务效率是最为常见的营商环境改革的内容。在这方面滨海新区的"一枚公章管审批"其实就是一个非常著名的典范，以此为突破，将这一行政审批改革经验进一步向全市推广，打造公开、透明、高效的一站式政府审批形象，对于改善天津营商环境至关重要。

为了确保公共权力在阳光下运行，天津需要进一步推进公共服务平台建设，运用现代信息技术整合公共服务、审批跟踪、信息反馈和投诉建议等多重功能，有效推进清亲和谐的政商环境建设。应用现代信息技术，确保企业的行政审核、税收申报都在公开平台进行，建立政府部门与企业的常态联系机制，把脉企业所需所求，解决企业实际问题，提升市场活力。

(四) 不拘一格用人才，营造创新发展氛围

由于首都北京，以及以创新产业发展为核心的雄安新区的存在，严重挤压了天津对于院士、著名企业家、知名学者等传统顶尖领军人才的吸引力。就鼓励创新而言，依托滨海新区智能制造的夯实基础，借力智能大会的社会影响，引入与当前天津智能制造相契合的创新成果会更具效果。在人才引入方面，不拘泥于学历、资历、荣誉称号等传统人才标准，以实际产业发展需求为向导，更多把引入重点放在天津产业发展所需的创新型、技术型、专业型人才，建设技术人才租赁用房，优先保证紧需型人才儿女入学申请，解决其关注的住房和子女入学难题，以务实的态度聚集人才，推进天津产业发展。

积极打造创新资本市场，推进风险投资与天使投资发展，通过股权、债权等多种形态，为天津创新企业解决融资难题。加速天津产权交易市场建设，保证创新企业的股权、专利技术、知识产权、品牌、商誉顺畅流动起来，吸引更多民间资本进入创新产业领域，加速科技成果孵化。推进天津知识产权保护，保障企业的技术专利，培育创新环境，鼓励社会创新创业行为。

加速天津营商环境建设，推进经济高质量发展[*]

——关于部分在津企业的调研报告

为了深入调查"天津八条"颁布半年的实际效果，天津市委研究室对在津企业展开全面调研，编制并发放关于"天津八条"和双万双服效果评价和营商环境建设的问卷，共计收回有效调查问卷109份。同时，由市中小企业局、市工商联、市国资委牵头，组织了三场企业家座谈会，与19家中小企业、民营企业、国有大中型企业等不同企业性质的企业家展开了深度座谈。通过问卷调查与座谈，初步掌握了在津企业对于市营商环境建设的意见与建议，借以指导天津进一步推进"天津八条"落地，加速推进双万双服，全面提升我市营商环境，推进天津经济高质量发展。

一、营商环境建设成效卓著

"天津八条"的提出为加强营商环境建设提供了制度保障，"双万双服"则成为全面推进落实"天津八条"的有效手段。近期为提升营商环境所打出的一系列组合拳，让众多企业家深深感受到了市委市政府尊重经济规律，尊重企业家贡献，推进经济高质量发展的坚定信心，也让众多企业在津投资，发展服下定心丸。2018年6月1日至10日的危化品禁运管制给渤海化工集团的正常生产经营

---

[*] 成果介绍：本报告是2018年与天津市委政策研究室合作关于天津市营商环境建设的调研课题的最终成果，其主要观点以《进一步优化我市营商环境的建议》为题，刊发于中共天津市委研究室2018年第45期《决策与参考》，报告其他作者李庆松、李军、张妍。

带来了巨大的不便，正是得益于"双万双服"系列活动，市工信委、市公安交管局积极主动帮助其办理400多辆车的危化品运输许可，从而避免了因原料断供所造成的被动停产。梦金缘黄金珠宝集团有限公司王泽钢表示，以前是有了困难找政府，需要到处找门路，请求领导出面帮助企业解决困难，而现在华苑管委会政府主动深入企业，调查了解企业的实际困难，并积极提供切实帮助，由被动回应企业需求转向主动伸出援手，帮助企业解决难题的态度转变，让企业深深感受到营商环境的巨大改善。

天津近期推出的"海河人才计划"，也是众多企业家热议的焦点问题。特别是对于一些民营企业家而言，"海河人才计划"为企业吸引优质人才、留住优秀人才提供了重要的政策保障。在调查中，52%的企业家认为，高素质人才的欠缺是制约天津创新创业发展的核心问题。特别是对于众多民营企业而言，工资薪酬已经不再是引进、留住人才的最主要问题。住房和子女入学等公共服务环节的缺位反而是制约人才集聚的主要问题。"海河人才计划"让更多新天津人看到扎根天津、奉献天津的希望。受访的很多企业家纷纷表示，本企业的很多员工已经依据"海河人才计划"办理了落户手续，极大地缓解了企业快速发展中的人才瓶颈难题。

企业家们非常关注2017年以来天津经济增长速度的下滑。他们认可当前的经济下滑实质上是天津从传统的投资驱动型制造业独大向高质量经济发展转型的阵痛，特别是严防死守的环保管制给天津很多制造业企业的生产运营带来了巨大的困扰，但是企业家们都认可环保管制实质上是一项功在当今，利在千秋的重大事业，是天津实现高质量经济发展的必要之路，其带来的经济结构的调整也是天津营商环境建设的重要方面。博奥赛斯生物科技有限公司董事长栾大伟表示当前天津经济降速，其实是反映了天津经济在向追求质量转型，天津经济就像"一辆跑车"，可以降速，但是绝不能失速。必须坚持以经济建设为中心，进一步加强营商环境建设，提升经济活力，以创新创业推动天津经济加速发展，重归辉煌。

二、天津营商环境建设中的主要问题

尽管纵向看，"天津八条"颁布以来，天津的营商环境已经有了巨大的改变，但是许多企业家仍然表示，横向对比北上广等主要城市，天津营商环境差距依然明显，这也彰显着营商环境建设的空间潜力依然巨大，随着各省区市营商环境建设的力度的持续加大，在前有堵截、后有追兵的市场竞争中，天津推进营商环建设的压力更加巨大。

（一）政府作风保守，更多强调规避责任，开放思维不足

尽管"天津八条"倡导实行市场准入负面清单制度，但是在执行过程中，仍然以正面清单为主，对于法律制度尚未明显支持的审批项目，行政审批往往就会相当慎重。在实际工作中，对于其他省区市尚未出现的新业态、新项目的审批，政府人员出于怕风险、害怕承担责任的心理，通常无法高效给企业积极办理，而是建议等其他省区市出现相类似案例后再给予办理，这极大地伤害了市场的创新氛围。利用老旧厂房进行创新创业已是普遍现象，2017年北京制订了《关于保护利用老旧厂房拓展文化空间的指导意见》，聚焦老旧厂房保护利用中的痛点、难点，破除了原有诸多掣肘因素和发展瓶颈，彻底激活老旧厂房的新价值。然而由于老旧厂房改造涉及规划、消防、治安等多个部门，天津多个创业园区的老旧厂房保护利用审批仍然面临较大的困难。借鉴其他省区市政策建议，或者突破现有政策束缚，提升行政效率，成为改善天津营商环境的重要内容。

出于规避责任的考虑，某些部门对于一些审批项目，也会做出相对苛刻的要求。比如企业增资申请，必须要求所有签字人的签字与之前完全一样，而且必须签在同一张纸上，即使签字人凭有效身份证明可以证明本人身份，但是签字字迹如果略有变化，或者如果企业股东较多，无法在一张纸上完成所有签名，那么企业的增资申请审核就可能难以通过，这也给企业的行政审批工作带来了巨大的困扰，极大地降低了行政效率。

由于缺乏事前事中与企业的信息沟通，有些政府规定的审核条件甚至违反商业规则，这也引起企业的极大反感。如为了推动企业走出国门、为企业的出国拓展活动提供会展补贴，显然是一桩好事。但是在具体操作过程中，相关部门要求企业申请会展补贴必须从展馆门口到自身展位连续录像证明，以规避骗补行为。然而，出于知识产权保护，国际的很多大型展会不允许随意录像，企业的自我取证行为往往会受到主办方的禁止。这种政策与商业规则的"打架"，就需要相关部门放下身段，虚心听取企业家的意见建议。

（二）政企信息反馈不通畅，政府公信力有待提升

政府公信力是公众对于政府履行职责情况的评价，其政策的稳定性、连续性，不同部门政策之间的衔接、协调，以及政府政策能否兑现到位，都极大地影

响了企业家对于政府公信力的评价，从而影响整体的营商环境的健康发展。在问及天津与国内其他城市相比，营商环境的最大差距时，43%的受访企业家认为政出多门，部门之间政策协调性差是营商环境建设的最大瓶颈。34.8%的受访者将其归结于行政审批手续冗长、服务态度不佳，24.8%的受访企业则认为是换人换政严重、政商沟通不畅。值得一提的是，近两年来，天津各区县、各部门领导调整较为频繁，的确给政商之间的沟通带来一些阻力。在座谈过程中，无论民企、国企或中小企业，都突出强调政商之间的信息沟通不畅问题。由于缺乏通畅的信息沟通与反馈机制，企业的真实需求很难直接传达至上级部门、相关领导。尽管"双万双服"推进了政商沟通，让一些企业增加了一些信息直通的机会，但这样的个例并不能抹杀政商之间整体信息传递机制不畅的问题。

在问及"双万双服"为何没能解决企业的问题时，53.6%的受访者将其归结于"问题需要多部门协作解决，不同部门之间的协调机制不够"，25%的受访者则认为缘于"问题过于复杂，难以突破现有制度框架"，部门协作、沟通与政策的创新能力已经成为困扰我市营商环境建设的核心难题。

自"天津八条"开始，在市委市政府的大力推动之下，天津已经制定了一系列旨在提升营商环境的政策措施，这些政策的落地，执行情况也直接关系着营商环境建设的质量。在问及"是否感受到'天津八条'和'双万双服促发展'对天津营商环境改善的作用"时，28.4%的受访企业家认为"清楚感受到巨大的转变"，而选择"有一定的推动作用"的占61.5%，剩下10.1%则认为"没有感受到明显的效果"。值得注意的是39.5%受访者认为"宣传工作明显，但'天津八条'的落地执行仍有待强化"，更有7.3%的受访者认为"属地的宣传和执行主要是表面文章，落地不够彻底"和"没有感受到属地政府与部门对'天津八条'的宣传与执行"。

一些旨在改善天津营商环境的政策的执行，也是很多企业家诟病的焦点。如2016年颁布的《加快引进海外高端人才三年推进计划》提出对未享受到众创空间支持政策的市级留学人员创业园提供一次性200万资金支持，并按其孵化成功的企业数量给予一定数额的奖励，但企业家们反映这一政策并没能落实到位，极大地影响了众多平台招才引智的积极性。政策从制订到执行，表现出上热中温下偏冷的不同态势，如果不能将优良的政策切实落到实处，反而伤害了政府公信力，起到了负面效果，这对于天津营商环境的建设而言，是一个必须加以重视的问题。

（三）"海河人才计划"有待进一步完善，化解企业人才瓶颈

"海河人才计划"充分表达了天津大力引进优秀人才，提供经济创新能力的

坚定信心，也的确为很多在津企业解决了引才、留才的困难。但是在调研过程中，很多企业特别是中小型民营企业突出反映，这种更多从人才供给端发力的人才新政并不解渴，并不能从根本上解决企业的人才困境。

在调研中，针对天津"对哪一类型人才的引进最迫在眉睫"时，60.6%企业家选择"专业技术人才"，53.2%选择"高素质管理人才"，仅有22%受访者选择"应届毕业生"。而实际上，"海河人才计划"所引入的人才主要是应届毕业生，或者拥有本科学历的新毕业学生，这与企业对于人才的需求结构并不完全相符。

很多民营企业所需要的往往是技术工人，而且由于机制的差异，民营企业更多依赖薪酬留人，对于职称、学历的要求往往没有体制内单位高，这也导致很多民营企业所需要的专业技术人才并不一定拥有本科以上学历，或者海河人才所需要的专业技能证书。如天津某足球俱乐部的理疗师，拥有高超的按摩、理疗技能，经常被国家队所借用，在俱乐部也享受较高的薪酬待遇，但是由于并不符合海河人才的学历、职称需要，只能落户母公司所在的江苏，也给俱乐部留人用人带来了一定的麻烦。有些来津投资发展的民营企业家，即使每年能够为天津提供数千万的利税，但是也由于无法符合"海河人才计划"，而无法落户天津，难以解决下一代的教育问题，也对他们造成了极大的困扰。适应企业需要，在户籍制度上，给企业一定留人用人的自主权，也将是进一步完善"海河人才计划"的重要内容。

（四）环保政策简单粗暴，缺乏有效甄别

2017年以来，天津加强了环保执法，关停并转了很多污染型企业，这也成为天津经济下滑的直接诱因。通过多年的环保宣传，众多企业已经深刻理解"青山绿水就是金山银山"的发展理念，纷纷表示对于加强环境保护治理，给子孙后代留下山青水绿的美好环境的愿望。天津重钢机械装备股份有限公司李坤董事长表示，无论环保手续是否齐全，只要存在排放，造成实质性环境破坏，都应该实施关停。

然而，当前环保执法过程却成为很多企业诟病的焦点问题。对于环保部门而言，只要关停企业，就可以免除环境保护的责任，更愿意对涉及环境污染的相关行业的企业实施一刀切的关停，也就破坏了整个产业链的高效运转。而现实的天津已经成为一个庞大的系统性经济体系，一个产业的缺位，往往会造成整个产业链的连锁反应，引起上下游企业，以及社会就业、社会保障等整个体系的动荡，引起经济下行压力的乘数式的增长。比如钢铁和家具都是当前天津环保治理的重

点行业，近年来，超过 150 家天津本土家具企业已经迁往河南、山东等地，随之流失的还有巨额的税收贡献和数十万就业岗位。而在实际治理中，除了污染严重的炼钢环节和喷漆环节，像基本不存在污染的方矩管加工和家具装配行业，也被殃及池鱼，同样遭遇关停。在执法过程中，有些执法部门不严格核查企业是否真的存在污染或者存在什么样的污染，而只是一刀切的全行业关停，增加企业履行合同协议的难度，显然也违背了"天津八条"第一条"依法保护企业家财产权"，极大伤害了在津投资办厂的外来企业家的心。企业家们口中戏言的"投资不过渤海湾"更对营商环境建设敲响了警钟。

山东商会王从彦副会长认为在环境治理过程中，环保部门应该是教练员，而非执法队。环境保护不应该单纯强调取缔企业，而应该是推进企业改进，不是简单地关闭污染企业，而需要指导污染企业加强污染治理，将其改造为污染合规的企业。然而在实际环境保护工作中，旨在强化污染治理的环评和安评反而极大地增加了企业的负担。环评和安评本是推进环境保护和环境治理的重要举措。然而由于评审专家数量的限制，等待环评和安评往往需要相当漫长的周期，而且环评的花费至少 12 万元，安评的成本至少 3 万元，这对于一些本不存在明显污染的企业而言，也是一项巨大的负担。企业家们积极呼吁简化环保评估，保护企业合法经营权益。

三、推进"天津八条"落地，优化天津营商环境的建议

（一）细化容错机制内涵，推动思想解放，培育创新风气

尽管"天津八条"明确倡导市场准入负面清单制度，建立健全合理容错机制，但是由于缺乏可执行的细则，在实际工作之中，行政审批仍然以正面清单为主，更多倾向于执行法律规则已经明确支持的相关行政审批工作，出于规避责任的考虑，往往消极对待没有参考借鉴的创新之举，这也极大地限制了企业家的创新精神，抑制了全社会的创新氛围。

所谓法无禁止则可行，并非单纯针对企业家，更应该是政府工作的指导思想。完全可以根据是否存在主观意识，是否存在不合理金钱交易来判断行政人员的工作责任，建立起更具指导意义的容错机制。对于不存在不合理经济交易，不存在徇私舞弊的主观意识的行政行为，即使造成经济损失或者造成较大的社会后

果，也可以纳入容错范畴，不追究或者少追究相关人员的管理责任。培育相对宽松的行政管理环境，使想干事的人能干事、敢干事、愿干事。同时，必须合理区分创新代价与经济犯罪，容许创新过程中合理的试错成本，鼓励想干事、有担当、及时改错的行政态度。对于一些不担当、不作为的行政人员进行严厉追责，合理界定合理错误和以容错机制为掩护的经济犯罪，依法从严从紧惩处行政审批过程中的经济犯罪，培育勇于担当、鼓励创新、包容错误、严惩犯罪的行政作风。

严格界定审核与备案的工作流程差异。对于仅仅属于备案工作的工商、税务、劳资等行政审批工作，减少行政部门的核实流程，可以推进行政审批、企业报税等日常业务互联网+管理，实现一些行政审核工作只跑一次，甚至足不出户，完成业务审批，提升办事流程便利性。实现申报者负责制，严格处置弄虚作假的虚假申报行为，让弄虚作假者自负其责。进一步加强部门协作，通过互联网技术改造提升信息核查工作，通过大数据实现企业信息的智能分析和科学预判，缩短行政审批时间，提升审核性审批业务效率。

（二）构建亲清新型政商关系，打造服务型政府形象

目前，企业更多通过市工商联、市中小企业局和市国资委等行政部门表达自身的需求，而这种第三方参与式的信息机制往往不够畅通，从而导致政府的最新政策精神，难以迅速传达至企业，而企业需求也不能高效传达政府相关部门。建设亲清新型营商环境，首先要保证政商关系的亲密、亲近和亲切，政府与企业之间不仅要建立起紧密联系的命运共同体，更要构建休戚相关的利益共同体，实现二者的共辱共荣、共同进步。

"产业第一，企业家老大"的核心就应该是尊重企业家、维护企业家合法权益，因此建立起通畅的政商信息渠道，积极听取企业家意见，建立通畅的与企业家信息沟通与反馈渠道，加快对企业家意见的反馈效率，提升政策科学性。加大现有政策的宣传力度，帮助企业用好用足相关政策，特别是用好降低实体经济税负政策，支持实体经济健康发展，在服务细节做苦功、做实功，从根本上落实"天津八条"，使企业能够从营商环境的不断改善中持续获益。

推动政府服务下基层，切实解决企业真实需要。不定期由区县行政部门负责人参与企业家公开问政活动，由主管行政部门当场回答企业家提问，为企业家解决实际问题。对于地方主管部门无法解决的问题，则由区县主管部门负责向上级管理部门寻求解决方案。在一些重大政策的制定过程中，可以组织企业家沙龙，

围绕企业家关注的问题和政府的政策改革思路,广泛听取企业家意见和建议,根据企业家意见,定期向政府发布信息专报,增强政府决策的民主性。

服务是个立场问题,必须敦促政府工作人员转变工作作风,变管理为服务,必须把维护企业利益、依法保护企业家利益放在首位。服务是个导向问题。企业有所呼,政府有所应,必须真正落实"产业第一,企业家老大"精神,做好服务企业家、服务区域经济、服务创新创业的服务型政府。服务是个标准问题,坚持一流标准是提升公共服务质量的前提和基础。公共服务必须实现量化考核,能够由单一主管部门解决事件一个工作日完成,多部门协作事件三个工作日办结,上级主管部门解决事件,由辖区主管部门一盯到底,死抓企业申请的办结率,政策宣传的知晓率,政策执行的到达率,确保行政效率得以提升。

(三) 供需两端发力,完善"海河人才计划"

目前的"海河人才计划"更强调供给调控,着眼于天津人才供给结构的调整,确定重点引进的人才类别,实施有针对性的人才引进政策。然而经济发展过程中的人才需求是动态变动的,需要因人而异、因事而异,难以通过一项确定的政策加以固化,更需要根据经济结构和人才需求结构的变动而加以调整。而到底需要什么样的人才,企业最有发言权,未来的人才计划应该赋予企业更多的话语权,根据企业需求灵活调整人才政策。

根据企业与企业家经济贡献大小,适当为企业提供可以自主支配的人才引进绿色通道。比如,对于在天津合法经营的民营企业,每创造1000万元利税,就可以给予该企业一个自由引进人才的绿色通道名额,该名额不受海河人才计划所规定的学历、年龄、资质证书限制,由企业根据自身的实际需要确定。但必须规定获得人才引入绿色通道资格人选必须与企业签订不低于三年的工作合同,确保其在获得天津户籍后能够继续奉献天津。同时对于创新创业人才,高级技术或管理人才,在天津每交纳100万元个人所得税,也可以自主申报落户天津,申报时必须通过签订承诺书的方式,确保长住本市,在本市获得个人应税所得并依法交税。

推进"海河人才计划",确保人才长期稳定流入的关键在于本市能够提供人才发光发热,发挥自身才能的工作岗位,因此,引进人才的关键还在于充分发挥人才的创造性,积极开发新引入人才的经济资源和社会资源。高端管理型人才往往拥有强大的社会资源网络和丰富的经济管理经验,海归创业型人才通常拥有殷实的家庭经济条件和开阔的视野眼界,因此可以考虑进一步加大对高端管理型人才和海归创业型人才的引进力度。通过科学布局创新创业园区,积极推进创新孵化，特别是进一步强化"法无禁止则可行"的运营理念，鼓励模式创新、技术创新，推进现代信息技术与人工智能对传统产业的互联网＋改造，加快现代服务业发展，实现天津经济高质量发展。

（四）推进治理为先的环保政策，减少对企业运营的侵扰

加强环境保护是当前推进京津冀协同发展的关键，环保工作容不得一丝马虎，但关停污染企业不应该是当前治理空气污染的主要手段，关停是手段，而不应该是目的，引导企业推进环境污染治理，加强环保设备投资，实现生产工作环保化、清洁化，实现天津经济结构优化调整，才是当前天津污染防治的核心思想。

环保治理首先需要进一步加强社会宣传，培育起全社会重视环境，爱护环境的环保意识。避免执法队式的直接勒令企业关停设备，或者直接将企业逐出天津的简单粗暴执法模式。充分发挥行业协会与商会的功能，由其针对成员组织环保讲座、环保政策解读、环保文化活动等多样化活动，组织企业家深入讨论，学习相关环保政策与环保技术，深入理解市委、市政府要留青山绿水给子孙后代的苦心，引领企业家自觉自愿加大环保投资，加快环保设备在行业内的推广和应用。

环境污染治理需要坚持监控在先、治理为主，减少侵扰的工作原则。进一步加大对环保重点企业的污染监控，无论企业性质，无论企业的环保手续是否完备，一旦存在超标排放，造成环境污染，一律先关停后治理，实现环境治理的精准化、细致化、科学化。尽量减少干扰合规排放，不存在明显环境污染的企业正常经营秩序，避免简单粗暴地一刀切政策。

完善容错机制是改善天津营商环境的基础工程[*]

2017年底,"天津八条"的提出为天津加强营商环境建设提供了制度保障,双万双服则成为全面推进落实"天津八条"的有效手段。近期为提升营商环境所打出的一系列组合拳,让众多企业家深深感受到了市委市政府尊重经济规律、尊重企业家贡献、推进经济高质量发展的坚定信心,也让众多企业在津投资,发展服下定心丸。然而,在实际工作之中,类似于给定案例中呆板拒绝企业购买大量增值税发票,或者提高单张发票金额,进而给企业的正常经营带来较大困扰的做法却仍然时有发生,行政审批呆板、生硬,政商关系僵硬也成为改善营商环境的最大的困扰。

行政审批手续呆板、生硬是公务人员规避风险思想的集中体现。随着我党党风建设的不断强化,"多做多错,不做不错"的消极思想逐渐在部分党员干部中滋生。尽管"天津八条"倡导实行市场准入负面清单制度,但是在执行过程中,仍然以正面清单为主,对于法律制度尚未明显支持的审批项目,行政审批往往就会相当慎重。特别是终生追责制度的普及,更导致一些公务人员对于一些在制度上没有明确规定的行政审批采取相对保守的做法,宁可惰政,也不愿给自己的政治生命带来隐患成为很多公务人员的自然选择,这才导致很多看似合理的行政审批却难以通过,或者审批效率明显下降。

在实际工作中,对于其他省区市尚未出现的新业态、新项目的审批,政府人员出于怕风险,害怕承担责任的心理,通常无法高效给企业积极办理,而是建议

---

[*] 成果介绍:本报告受邀稿于民盟天津市委,刊发于《民盟天津信息》2018年第153期,报送中共天津市委统战部《海河同舟》。

等其他地区出现相类似案例后再给予办理,这极大伤害了市场的创新氛围。例如利用老旧厂房进行创新创业已是普遍现象,2017年北京制订了《关于保护利用老旧厂房拓展文化空间的指导意见》,聚焦老旧厂房保护利用中的痛点、难点,破除了原有诸多掣肘因素和发展瓶颈,彻底激活老旧厂房的新价值。然而由于老旧厂房改造涉及规划、消防、治安等多个部门,本市多个创业园区的老旧厂房保护利用审批仍然面临较大的困难。借鉴其他地区政策建议,或者突破现有政策束缚,提升行政效率,成为改善天津营商环境的重要内容。

出于规避责任的考虑,某些部门对于一些审批项目,也会做出相对苛刻的要求。比如企业增资申请,必须要求所有签字人的签字与之前完全一样,而且必须签在同一张纸上,即使签字人凭有效身份证明可以证明本人身份,但是签字字迹如果略有变化,或者如果企业股东较多,无法在一张纸上完成所有签名,那么企业的增资申请审核就可能难以通过,这也给企业的行政审批工作带来了巨大的困扰,极大地降低了行政效率。

因此,进一步完善政府决策的容错机制,为行政公务人员思想上减负,是提升我市行政效率,改善我市营商环境的关键所在,提出以下建议:

第一,细化容错机制内涵,推动思想解放,培育创新风气。尽管"天津八条"明确倡导市场准入负面清单制度,建立健全合理容错机制,但是由于缺乏可执行的细则,在实际工作之中,行政审批仍然以正面清单为主,更多倾向于执行法律规则已经明确支持的相关行政审批工作,出于规避责任的考虑,往往消极对待没有参考借鉴的创新之举,这也极大地限制了企业家的创新精神,抑制了全社会的创新氛围。

第二,必须从政府公务人员的意识角度界定错误的类型,明确哪些是可以容许犯下的错误,哪些则是绝对不可触碰的红线。可以根据是否存在主观意识、是否存在不合理金钱交易来判断行政人员的工作责任,建立起更具指导意义的容错机制。对于不存在不合理经济交易、不存在徇私舞弊的主观意识的行政行为,即使造成经济损失,或者造成较大的社会后果,也可以纳入容错范畴,不追究或者少追究相关人员的管理责任。培育相对宽松的行政管理环境,使想干事的人,能干事,敢干事,愿干事。

第三,合理区分创新代价与经济犯罪,容许创新过程中,合理的试错成本,鼓励想干事、有担当、及时改错的行政态度。对于一些不担当、不作为的行政人员进行严厉追责,合理界定合理错误和以容错机制为掩护的经济犯罪,依法从严从紧惩处行政审批过程中的经济犯罪,培育勇于担当、鼓励创新、包容错误、严惩犯罪的行政作风。

第四，严格界定审核与备案的工作流程差异。对于仅仅属于备案工作的工商、税务、劳资等行政审批工作，减少行政部门的核实流程，可以推进行政审批、企业报税等日常业务互联网+管理，实现一些行政审核工作只跑一次，甚至足不出户完成业务审批，提升办事流程便利性。实现申报者负责制，严格处置弄虚作假的虚假申报行为，让弄虚作假者自负其责。进一步加强部门协作，通过互联网技术改造提升信息核查工作，通过大数据实现企业信息的智能分析和科学预判，缩短行政审批时间，提升审核性审批业务效率。

第五，完善权力清单建设，构建清亲和谐政商环境。营商环境归根到底是要构建和谐有序的政府与企业的关系，打造公开、透明、高效的一站式政府审批形象，对于改善天津营商环境至关重要。天津需要进一步理顺政府与企业关系，进一步压缩和规范行政审批事项，构建清亲高效的政务环境。进一步完善政策法规，在"天津八条"的政策指引下，细化职能分工，由市属各部门、各单位分解"天津八条"的任务分工，加速行政条例、部门规章的建设工作，特别是在降低行业门槛、规范行政职能、提升行政效率、保障企业家权益、加强创新指引等方面，明确制度规范，使得行政执法活动有法可依、有法必依，打造公平、公开、公正的营商环境，消除投资者投资顾虑，加速营商环境建设。

第六，进一步推进公共服务平台建设。运用现代信息技术整合公共服务、审批跟踪、信息反馈和投诉建议等多重功能，有效推进清亲和谐的政商环境建设。应用现代信息技术，确保企业的行政审核、税收申报都在公开平台进行，建立政府部门与企业的常态联系机制，把脉企业所需所求，解决企业实际问题，提升市场活力。

第七，举办天津全市行政区审批部门大评比，加速推进放管服改革。放管服改革的一个核心思想就在于行政审批人员能够放低身段，把以往对于市场行为的居高临下的管理、约束、限制，改为真心实意的服务市场主体、焕发市场活力和创新精神、减低市场运行的行政成本的服务行为。只有市场评价才是放管服改革效果的试金石，只有企业才对政府行政审批效率和服务态度最有发言权。因此，由市工商联和市中小企业局牵头，对全市中小企业展开全面调研，从行政审批的办事效率、服务态度、制度创新等角度，由企业对一线的行政审批部门的服务质量进行评分，调查了解企业对行政审批部门的意见和建议，奖励真心实意热诚服务企业，勇于突破制度束缚，真正维护企业利益，提升经济活力和经济效率的行政审批部门，同时也督促得分偏低的部门，认真学习先进部门经验，分析本部门的不足，有针对性的树立服务企业作风，切身实地地站在企业立场上，维护企业利益，进一步推进当前的放管服改革，实现天津行政效率的全面提升。

推进政采放管服改革,提升行政效率[*]

为了提升政府采购的效率,天津始终坚持互联网+创新,逐渐建立起相对完善的政府采购信息平台。然而,在实际工作之中,政府采购仍然饱受非议,对政府采购制度采取放管服改革,提升政采效率已经成为改善天津营商环境的重要工作内容。

一、当前政采体制的症结

(一)流程繁琐,效率低下

从设计上来看,当前天津市一般行政单位的日常办公采购需要都可以在政府采购电子商城中一站进行,便捷高效。然而,在实际应用之中,政采合同往往涉及商品、货款、合同、发票等多项内容。在京东、亚马逊等网络商城中,通过银行或第三方支付结算,快递商品并附加纸质发票,或发送电子发票,整个线性结算体系是极为流畅的。然而在政采合同中,商品、合同、发票则是平行发送,合同与发票还需要通过层层审批,由财务部门执行货款结算。有采购人员曾诉苦说,哪怕只买一块橡皮,也得接三份快递(商品、合同、发票),跑多个部门找多名领导签字,流程繁琐,效率低下,这也导致很多行政单位人员排斥政采交易,以致原本信息化程度较高的天津政采体系叫好不叫座,发展缓慢。

---

[*] 成果介绍:本报告受邀稿于民盟天津市委,刊发于《天津民盟信息》2018年第88期,并报送中共天津市委统战部办公室、天津市政协研究室宣传处,被中共天津市委统战部《海河同舟》采纳。

（二）市场封闭，价格偏高

政采商品价格偏高是很多政采人员普遍的感受。在政采电子商城的京东、苏宁、亚马逊等网络商城中，尽管商品价格与商场零售价格相当，甚至有些还会略低，但是政采就无法使用网络商城的优惠券，不能参与商城促销活动，从整体而言，自然会导致政采平台购买价往往会明显高于直接在网店的零售购买价。而政采电子商城的一些第三方零售商的商品往往更明显高于网络商城，政采商品价格偏高，自然极大地影响了采购方资金预算使用效率，引起极大的非议。即使在诸如政采机票方面，制度允许购买低于政采平台的第三方机构代理机票，但是要求附注适时的机票报价截屏、情况说明等相关佐证，这也使得很多机票购买者出于减少麻烦的考虑，即使拥有成本更低廉的选择，也宁可以更高价格购买政采机票。从某种意义上来说，政采平台控制卖家资质的品控措施，反而导致了一定程度的市场垄断，提升了市场价格。

（三）PPP 招标流程透明度有待提升

随着 PPP 的兴起，政府委托项目的招投标也成为世人关注的重点。在天津现有政采流程中，招标公告、供应商报名、投放标书、标书评审、确定采购结果等全套流程都可以在网上进行，通过信息化提升招投标效率。尽管整个招投标流程都通过网络平台进行，看似公开、公平、公正，但是招标人资质评分标准中的一些歧视性、排他性条款仍然存在，特别是民营中小企业容易受到歧视；评审专家的专业水平参差不齐，项目评审中主观指标普遍存在，也会影响评审的公正度，这都影响了公众对于政府招投标项目的信任。

二、政策建议

（一）在有限额度内，将全国性电商平台纳入政采体系

"放"是政采改革的核心。尝试将京东商城、苏宁易购、亚马逊等全国性电商平台直接纳入政采体系，允许政采单位在一定额度之内，比如日常办公费用的

20%，直接在以上全国性电商平台的自营商城直接采购，免除政采合同的相关环节，由单位资金审批主管审核采购项目的合理性，由单位财务部门负责对采购发票进行审批报销，从而压缩政采流程，提升政采效率。

（二）加强对政采项目，特别是招投标项目的全程审核

"管"是政采改革的保障。如果过度强调放权，就又会出现"一抓就死，一放就乱"的混乱格局，引发政采过程的经济问题。因此，各单位可由纪委、监察牵头，成立政采监察小组，不定期对单位政采经费进行检查、审计。审核重点是流程的合规性、PPP中的歧视性和排他性、政采票据的真假、经费支出的合理性等。特别对于一些招投标项目，不仅需要强调中标环节的公平、公正，还必须对中标项目的执行、结项审核、售后服务、责任追溯等环节加强监管，最大限度消除人为因素对政采项目的干预，保证政采项目的合理合规。

（三）强化政采的创新引导功能

加强对于创新产品的政采，为创新活动提供引导性市场、降低创新风险是欧美国家推进创新发展的普遍经验。天津要实现高质量经济增长，也必须强化政府采购的创新激励作用。可由各区邀请行业专家评选出若干创新创业企业，纳入全市政采平台，鼓励各单位在采购相关信息服务项目时，优先选择创新创业政采平台项目，并由财政专门划拨专项资金为采购方提供20%~30%的专项补助，从需求端着手，引导全市的创新创业项目选择和发展方向，实现创新经济发展。

（四）进一步减化电子发票报销流程

在政采领域，电子发票已经逐渐取代传统纸质发票。然而，在实际报销过程中，电子发票并没能像想象那样达到环保的目标，采购人员在报销时，不仅需要专门把电子发票打印出来作为附件附注报销单据之中，而且需要将电子发票上传电子平台，输入票据信息，再经过国税平台审核验票，整个流程相对繁琐，报销所耗费的时间、精力，远大于传统的纸质发票时代，这也引发了更多的对政采活动的非议。建议由财政部门牵头，由各单位财务部门负责，加强简化电子发票审核报销流程攻关，力争实现电子发票一键上传，后台审核，无纸化报销，提升财务效率。

加强营商环境建设,推进天津智能制造发展*

作为现代信息产业与制造业的交叉部门,人工智能产业已经成为现代制造业提升产业层次、增强产业附加值的产业发展方向。借助于智能大会的东风,天津的人工智能产业获得了更大的政策关注,从而实现了飞速地增长,笔者认为,未来的天津人工智能的发展必须把握以下关键。

第一,加强营商环境建设,扶持民营人工智能企业发展。由于国有经济在当前天津经济中的主导地位,强调扶持国有人工智能企业发展的观点甚嚣尘上,有些学者建议借混改契机,通过积极的产业政策,扶持国有人工智能企业发展。然而,在笔者的调研中发现,股权改革并不是搞活当前天津国企的关键所在,减少对于国企经营决策的干扰,给国企经营者减负放权才是增强国企活力的重点。事实上,现代经济发展中,民营经济在推进创新过程中,扮演着更为重要的作用。然而,相较于国企,民营在资金、人才等方面却面临更大的压力,因此,未来天津人工智能产业政策,需要进一步提升政策的非歧视性,给国企简政放权,为民营人工智能企业解决实际困难,提升行政效率,改善营商环境,对于推动天津人工智能产业发展至关重要。通过营商环境的改善,吸引国内外更多的人工智能小巨人企业来津发展,从而引领天津的民营人工智能产业的发展,培育良好的创新浪潮,将能够推动天津实现高质量经济增长。

第二,优化京津人工智能产业分工,明确天津人工智能产业定位,推进智能制造错位发展。天津推出"海河人才计划",加大了对于人工智能等新兴产业人才引进。然而,由于与北京在产业结构上仍有巨大的差距,高端人才培育与发展的产业基础与创新氛围更有明显的欠缺。过于强调与北京的产业竞争,大规模引

---

* 成果介绍:本报告为天津市政协专题邀稿,根据本人在天津政协人工智能专题研讨会上主题发言整理而得。

入人工智能高端人才与团队并不现实。中关村在现代信息产业发展方面的产业积聚能力是天津所难以匹敌的。即使引入个别人工智能高端人才与团队，也并不能改变京津在人工智能产业发展中的差距。未来天津人工智能产业的发展，更需要实事求是，充分发挥现有制造业优势，加强京津冀协同发展，减少人工智能创新资源区域流动的限制，瞄准北京的人工智能技术，把天津建成北京智能制造技术中试与量产的基地，从而实现京津人工智能产业的错位发展。

第三，目前天津企业的智能改造主要由政府提供补贴，由第三方单位提供咨询诊断和系统改造，笔者认为这种侧重市场化的策略过于散乱，难以实现政府政策意图，而且同行业同类型企业的诊断会有很多重复劳动。可以考虑从政用产学研协作角度构建天津智能技术信息服务体系，围绕产业链为上下游企业提升智能改造，通过专业化的第三方智能技术信息服务，为制造业企业提升智能改造方案，并进一步加大人工智能技术在天津制造业中的推广与应用。考虑到相同行业，相近发展程度的企业的智能化改造工作具有明显的相似度，可以充分发挥行业协会、工商联、研究机构和高校作用，以产业链为引导，对同一行业或上下游行业的企业提供一体化智能改造方案，从而保证诊断方案的系统性和科学性。由科委和经信委牵头，对天津智能制造企业进行全面调研，掌握行业发展水平，进一步发挥政府的政策引导作用，保证所有企业的信息化改造符合天津实际，系统化、标准化识别企业诊断的行业共性和企业个性，提升信息化改造资金的使用效率。

创建文明城市需规范共享单车管理[*]

共享单车的出现为市民的出行提供了极大便利，同时，它也成为公民道德的试金石，映射出社会公民道德的参差不齐。目前，进入天津的共享单车主要包括 OFO、摩拜、哈罗、酷骑、摩登、快兔、永安行等，此外还用品牌众多的共享电动车和共享汽车。但是，随着市场竞争的加剧，目前正常运营的仅剩下 OFO、摩拜和哈罗三家。就目前而言，天津共享单车的使用存在以下问题：

第一，共享单车的乱停乱放屡禁不止。在公共道路、地铁站、大型商圈随处可见乱停放的共享单车，随意挤占公共道路，给市民的出行带来很大不便。

第二，共享单车的人为破坏严重。在小区或支线道路、绿化丛、公园经常可以看到被大卸八块的共享单车，特别是结构相对简单的 OFO 的破坏更为严重，零件缺失的废旧共享单车已经成天津市容的"牛皮癣"。更需要强调的是，很多商户使用基本退出运营的共享单车，特别是酷骑单车作为占用停车位的工具，因此在一些小酒店、小商店、甚至居民区，常见破烂不堪的绿色酷骑单车倒在停车位上，极为影响市容形象。

第三，共享单车的侵占难以治理。一些素质低下的市民通过拆卸智能单车锁、上私锁或者破坏二维码等形式，将本来用作公众出行工具的共享单车肆意侵占。甚至有人将共享单车重新刷漆，完全当作自己的私有财产。

有以下几方面建议：

第一，强制共享单车公司推行电子围栏。目前，在很多城市，共享单车电子围栏技术已经得到广泛应用，但在天津的应用仍相对不足。建议由市公交局协调各共享单车公司，强制实行电子围栏。将道路和一些公共建筑区域设为禁停区，

---

[*] 成果简介：本报告受邀稿于民盟天津市委，刊发于民盟天津市委《天津民盟信息》2018 年第 110 期，并报送中共天津市委统战部。

对于停放禁停区域的共享单车用户实施经济处罚。可以将违规停放罚款的一部分，用于奖励将共享单车从禁停区移至合理停放区的用户。从而运用经济手段，规范共享单车管理。

第二，在地铁站、公交站、大型商圈附近普及设置共享单车推荐停放区，鼓励共享单车的规范停放，要求共享单车企业派专人进行适时停放管理，规范单车停放。

第三，由共享单车公司与公安部门对私占共享单车行为进行集中治理，以侵占私有财产理由进行经济处罚，并将其经济处罚的一部分用于奖励举报侵占、破坏共享单车，进一步规范治理共享单车使用。

第四，由交通部门对处于正常运营的共享单车品牌，特别是对OFO、摩拜、哈罗进行流量控制，限制其新车投放，或者以收回破旧单车后，等量投放新车，从而替换市面乱停乱放的破旧单车。

第五，由市容部门与半退出运营的相关共享单车公司进行协调，责令其限期召回共享单车，如果限期没有召回破旧共享单车，则由市容部门通过PPP方式招标，由天津市的单车制造厂商回收相关破旧共享单车。在扣除回收费用后，将残值余值汇付相关共享单车公司，从而使众多事实上已经退出运营的共享单车品牌逐渐退出天津市场。

加强地铁站点管理，维护天津城市形象[*]

经过多年的建设，天津已经建成了多条通畅的地铁线路，极大地方便了市民的出行。然而，由于城市规划的执行，有些地铁站的站口建设并不完善。以六号线北竹林站为例，A 口基本坐落于一片待拆的废旧区域内，道路宽度不足两米，周边都是破烂不堪的破旧平房，也缺乏足够的道路标识。对于不熟悉道路的人而言如同迷宫，这样的地铁出口建设，显然极大地破坏了外地游客对天津的印象。因此，有以下几方面的建议：

（1）全面梳理，检查全市地铁站口建设，调查目前存在建设问题的地铁站口，并制作地铁站口管理台账，实时对众多地铁站口市容建设进行监督管理。

（2）对各条地铁线的站口环境进行大清理，对于达不到开放标准的地铁站口，执行关停。对于存在严重问题的地铁站口，可以联系市容部门、公安部门联合加以治理。对于可以清理出规范的道路，或者运营规范的商业业态的地铁站口，再进行重新论证开放。

（3）加强地铁站口的商业招标与商业运营。可以仿效国外地铁运营模式，在地铁站口增加餐饮、商业零售等多种商态，进一步繁荣地铁商圈，发展地铁商业业态。

---

[*] 成果介绍：本报告受邀稿于天津民盟市委，刊发于《天津民盟信息》2018 年 114 期，并报送中共天津市委统战部。

第六编

中美贸易争端视角下的产业升级

中美贸易争端倒逼中国出口结构升级[*]

一、中美贸易争端的发展演进

2018年3月23日，美国总统特朗普在白宫正式签署对华贸易备忘录，宣布因为知识产权侵权问题，对中国进口的600亿商品加征关税，限制中国企业对美投资并购，并宣布对中国航空航天、信息通讯技术、机械等产品加征25%关税。当日，中国商务部发布了针对美国进口钢铁和铝产品232措施的中止减让产品清单，拟对自美进口部分产品加征关税，以平衡因美国对进口钢铁和铝产品加征关税对华造成的损失。新一轮中美贸易争端就此正式拉开战幕。

2018年4月4日，美国政府根据301调查单方认定结果，宣布对原产于中国的1300余种进口商品加征25%的关税，涉及500亿美元的中国对美出口额。同日，中国发布对美国的关税反制措施，对原产于美国106项商品加征关税，计划对美国的飞机进口加征25%关税，计划对美国的玉米、棉花、牛肉以及小麦和高粱加征关税，同样涉及美国对我国500亿的出口额。中美贸易冲突更加升级。

次日，特朗普发表声明，宣布"鉴于中国的不公平报复行为"，他已经指令美国贸易代表办公室（USTR）考虑在301条款下，追加征收1000亿美元对华进口商品的关税。随后，中国商务部、财政部和外交部等多部委相继发声，表明不希望打贸易战，却不会屈服于外部压力，对于他国掀起的贸易战，定将奉陪到底的决心。

---

[*] 成果介绍：本文受天津市委宣传部邀稿而写作，后整理刊发于民盟中央刊物《群言》杂志，2018年第5期。

由于中国第一时间对美国出口商品推出报复性关税政策的强硬态度，特朗普在推特上一改之前的强硬，开始表达与中方协商解决两国之间的贸易争端的意向，同时表明希望中国每年减少 1000 亿美元的贸易顺差。美国商务部长罗斯也公开表达通过谈判解决双方贸易摩擦的意愿。看似剑拔弩张的中美贸易战开始向和平解决的方向演进。

2018 年 4 月 16 日，美国商务部忽然宣布，由于违反美国的"制裁禁令"，将禁止美国企业向中兴通讯出售零部件产品，期限七年，由于美国掌握了核心芯片的领导地位，这一禁令对于正处于高速发展期的中国通讯产业无疑当头一棒。把政治问题引入经贸关系，中美两国的贸易争端再起波澜。

二、美国的贸易保护传统

其实，自从现代经济发展以来，即使在放任自由经济思想占据主流的资本主义经济发展早期，类似的贸易争端也从来没有断绝过。大萧条时期，胡佛总统制订的臭名昭著的《斯穆特－霍利关税法案》将美国平均关税提升 6%，引起欧洲各国的关税报复，使得欧美贸易断崖式下降，更使得萧条中的美国经济雪上加霜。20 世纪八九十年代，出于消除美日贸易逆差的考虑，美国主导的《广场协定》强制日元大幅升值，使得整个 90 年代成为日本失去的十年。21 世纪以来，随着美中贸易逆差的不断扩大，美国就没有中断过对于人民币升值、开放中国市场、加强对华商品保护等方面的施压。近期的中美贸易争端，只是这种长期的贸易摩擦，以及美国官方对于巨大的中美贸易逆差的不满情绪的集中体现罢了。

然而，自亚当·斯密建立现代经济理论以来，"合则双赢，分则两败"的自由贸易思想早已被众多经济学家所证明。然而，始于美国第一任财政部长汉密尔顿的保护贸易思想早已深入美国人的骨髓，通过保护性的贸易政策、产业政策限制外国商品对于在国际竞争中处于弱势地位的本国商品的冲击，为本国的产业发展提供更为广阔的空间正是新兴的美国一跃成为世界经济霸主的秘密所在。正如德国经济学家李斯特所言"撤掉成功阶梯"，20 世纪以来，在全球经济中处于领导地位的美国，反而成为经济自由主义的大本营，成为自由贸易思想最坚定的倡导者。然而，每当国内经济面临困境之际，保护主义思潮就会在美国经济界与政界再度复活，大萧条、两次石油危机以及次贷危机莫不如此。从某种程度而言，贸易保护已经从美国经济发展的常规武器演化为应对危急时局的应急战略。

次贷危机已经戳穿了以互联网、房地产和金融为核心的美国新经济的脆弱本质，推进再工业化，让美国经济回归制造业，已经成为自奥巴马政府以来美国政府力推的产业发展方向。然而，在当代全球价值链中，制造业商品市场更多掌握在以中国为代表的、劳动力成本更低的发展中国家手中，美国制造的市场空间受到极大的挤压，哪怕是通过现代信息技术对制造业改造所实行的制造业服务化，也面临着"中国制造2025"的巨大竞争压力。此次中美贸易争端美方最初着力的航空航天、信息通信技术和机械正反映了美国对于创新驱动的"中国制造2025"的顾忌，也是两国在新兴的高端制造业领域的直接交锋。

三、陷入囚徒困境的中美贸易争端

其实，每一次贸易争端都是一场赌局。对于每个斟酌是否选择贸易保护的政府而言，决定自己是否应该选择贸易保护，从而掀起贸易战的关键并不在于自己能够从贸易战中得到什么，而是对方将会采取什么样的报复措施。每一场贸易争端的效果也都是取决于贸易双方的态度与政策选择。

在国际政策协调中，每一个国家都不是孤立的存在，而每一项政策更不是独立的决策，任何一个国家所制订的每一项政策都可能会激起其他国家后续的应对政策，从而会放大或者冲抵该政策的效果，也因于此，当代世界才需要GATT或者WTO，甚至联合国这样的全球性的制度框架来实现更为普遍的国家之间的政策协调。这也解释了为什么第二次世界大战之后，IMF实现了布雷顿森林体系下的汇率稳定，推进了全球贸易与国际投资，GATT消除了国际贸易壁垒，从而加速了全球经济的复苏。

单就美国贸易保护政策而言，大萧条时代的《斯穆特-霍利关税法案》引起了欧洲对美国贸易的强烈报复，使得美国商品出口规模急剧下滑，进一步恶化了美国经济。而20世纪90年代的美日贸易争端，则以日方做出让步，促使日元大幅升值为结果，在限制日本经济发展的同时，促成了美国的新经济革命，使得美国经济重归巅峰。这样的结果，恰如一个简单的囚徒困境模型，如果美国选择贸易保护，并没有促成对手的报复性贸易保护政策，或者可以施加压力，降低对手的报复性政策力度，那么美国的贸易保护则可以收到奇效，进而成为美国经济腾飞的契机。相反，如果美国的贸易保护政策却激起了对手同样剧烈的报复性政策，则相当于隔绝了自由贸易，使世界各国回归自给自足，这会适得其反，削减了自由贸易对于世界经济所带来的收益，阻碍全球经济的发展，对于贸易双方而言，反而成为一种不明的选择。

其实，各国在贸易保护政策面前的抉择又是取决于双方不同的市场势力。在第二次世界大战后相当长时期内，由于美国已经在全球确立了经济领先的地位，在与任何国家的博弈之中，都处于绝对的领导地位，出于对其领导地位的顾虑，在其激进性的国际政策面前，更多的国家会选择相对温和的回应，这一点在20世纪70年代的两次石油危机，以及美日贸易争端中暴露无遗。这也是为何欧洲国家要选择抱团，组建欧盟，共同对抗美国的原因所在。

然而，冷战结束后，尽管美国的经济霸主地位仍然存在，全球政治与经济格局已经从单极走向多元化，美国、俄罗斯、欧盟、中国与日本，逐渐成为区域经济的领导者，并成为世界政治经济发展的多极，全球经济合作也从以往的双边合作，走向多边洽商。美国对于世界其他区域的话语权在不断降低。这也导致次贷危机之后，美国率先制订的购买美国货计划等贸易保护政策受到了巨大的阻力而无疾而终，最终并没有引发像大萧条时代的一样的全球性贸易保护风潮的原因所在。

中国制造早已成为中国经济崛起的名片，中国经济已经成为世界经济不容忽视的力量，中国已经不再是听任外国强权左右、毫无国际话语权的弱国。尽管20世纪以来，随着中国制造的强大，中国出口商品遭受了来自包括美国、欧盟、日本、印度等多国的以"反倾销，反补贴"为由的贸易保护，中国也开始更多地利用WTO所赋予的合法手段，公平、合理地反击所遭遇的贸易壁垒，开始在公平合理的全球性制度框架中，保护自身的合法权益。因此特朗普所期望的通过强硬的对华贸易保护态度，唬住中国人，以避免强烈的贸易保护的幻想终究是黄粱美梦。

四、中美贸易争端后的中美贸易

在本次中美贸易争端中，中方在美方单方面推出贸易保护的第一时间，就有理、有节地推出相应的报复性措施，这也是在两国政府的博弈中所释放出来的强硬的决策信息，从而引导双方反思贸易保护所带来的利益损失，让双方回归谈判桌，最终圆满解决这场争端。中方自始至终的强硬态度，极具政策杀伤力的报复性措施，以及美国国内商界的巨大压力，从一开始就宣布了特朗普所掀起的贸易争端必将以失败而告终。

然而，尽管本次中美贸易争端呈现出向有利于中方发展的良性态势，但这并不意味着中美贸易终将归于平静。4月中旬，美国商务部对中兴通讯的禁运令更为中美贸易再次敲响警钟。从根本上而言，美国对华贸易的长期巨额逆差是其长期以来对华贸易小动作不断的根源所在。特别是21世纪以来，美中贸易逆差持续增长，美国政界更趋表现出妖魔化美中贸易的态势。据美方统计，2017年美国对华贸易逆差高达3752亿美元，更刺激特朗普铤而走险，挑起这场贸易战。在临近中期选举之际，如果能够挑起贸易战，迫使作为世界第二经济体的中国做出让步，从而扭转美中贸易逆差，就可以打造民族英雄的光辉形象，成功转移民众注意力，对于民众支持率长期走低的特朗普而言，自然极为重要。而当对华贸易战挑衅面临失败之际，再挑起叙利亚战争也就成为特朗普的自然选择。从某种程度上而言，中美贸易战也好，叙利亚战争也好，都只是特朗普在中期选举前争取民众支持的一场豪赌。只要美中贸易逆差长期存在，即使不是特朗普，未来也会有其他美国领导人再度大做中美贸易的文章，掀起一轮又一轮新的贸易争端。

当然，笔者并非鼓吹让中国政府在本次贸易争端多做让步，以缩小两国贸易差额。正如博弈论告诉我们，"以牙还牙、以血还血"才是长期维系多次博弈平衡的关系所在。像本次中美贸易争端这般，在第一时间就公布报复措施，恰恰是敦促美方态度软化，双方重归谈判席的关键所在。但是，以长期贸易失衡为标志的中国现有贸易格局已经到了必须做出调整的关键节点。

改革开放以来，在推动经济增长方面，出口已经成为远比消费与投资靠谱的核心动力。次贷危机之后，在经历过短暂的四万亿投资刺激之后，消费不振与投资乏力更加速了当前中国经济转型的步伐。在此背景下，供给侧改革与"制造业2025"开始描绘中国经济新的版图。与日趋改善的中国经济结构相同，中国的出口结构也到了不得不改革的重要节点。

长期以来，为了追求出口增长，在传统的比较优势理论的指导下，我国大力发展服装、五金、家电、机械等劳动密集型产业，并逐渐发展成为世界工厂。而与此同时，美国则借势发展服务业，仅保留研发、金融、营销等高知识密集度、高收益的生产性服务业，而把生产环节转移到劳动力成本更低的中国，或者东南亚各国。中国制造的崛起其实同步的是美国制造业的战略性撤退。当前在美欧所主导的全球价值链中，中国制造也被牢牢锁定在附加值最低的加工、装配与生产环节，世界工厂也逐渐沦落为世界车间。特别是在改革开放初期，两头在外的加工贸易模式下，尽管中国出口商品遍及全球，但是中国加工的利润却并不丰厚。在出口退税制度下，甚至很多出口企业愿意赔本赚吆喝，更使得中国企业的出口利润日趋微薄。尽管从数额上来看，中美贸易差额持续扩大，美国对华逆差长期保持高位，但是在此巨大的贸易差额背后，中国企业的利润却少得可怜，因此，即使天量的贸易顺差也并不足以为傲。

尽管次贷危机后，奥巴马政府推出了"再工业化"，希望通过制造业振兴来重新带动起国内就业，消除过度金融化对国内经济所带来的不稳定性。但是这并不意味着美国就想在纯粹的制造业领域与中国制造"掰腕子"，从奥巴马到特朗普三届政府的政策来看，他们更多是想通过制造业与服务业的融合，用科技改造传统制造业，从而赋予制造业新的概念，提升制成品的科技含量与经济附加值。这也与我国的"中国制造2025"不谋而合，也正是特朗普在本次中美贸易争端开启之初就把目标针对中国的高科技制造业产品的原因所在。

实际上，发展"中国制造2025"，进一步加大具有民族知识产权的高科技产品的出口，提升中国出口商品的附加值，增加出口利润，而非盲目追求出口规模，才是中国出口的未来发展方向。未来中国在发展对外贸易方面，更应该摆脱对于出口规模及贸易差额的盲目崇拜，而更应该提升中国出口的内在质量，发展高质量出口贸易，提升出口产品中的利润水平，在全球价值链中，以现有以加工制造为核心的制造体系为基础，向价值链两端延伸，推进制造业与服务业的融合。

实际上，在当前的中美贸易中，尽管在商品贸易中，中国拥有巨大的贸易差额，然而在知识密集与创新密集的服务贸易中，美国却长期保持顺差，且增长迅速。2016年，美国对华服务贸易出口已经达到869亿美元，顺差高达577亿美元。而服务贸易的顺差却并没有被计入中美贸易差额，这在很大程度上也放大了美中贸易逆差。这也恰恰提示中国对外贸易不仅要立足于驰名全球商品的贸易，更需要鼓励通过发展现代服务业改造传统制造业，提升制造业产品的技术含量和经济附加值，推进服务贸易出口，从而实现我国对外贸易结构的改善。

五、结论

特朗普当选美国总统，英国脱欧，孤立主义与封闭主义开始在当今世界抬头，始于2018年的中美贸易争端更是震惊了世界，然而，这决不代表着孤立主义所倡导的贸易保护将成为全球经济的主流。随着中国对美贸易政策的强硬，美国政府已经摒弃之前的强硬态度，转而寻求通过谈判化解这场争端，这也使得世人所担忧的中美贸易冲突必将逐渐烟消云散，发展与合作仍将是未来全球发展的主题。

即使当前的中美贸易争端安然度过，中美之间长期的贸易差额，仍将会是悬挂于两国头顶的达摩克利斯之剑，如果美中贸易逆差继续发展下去，未来两国之间的贸易争端将会成为常态。因此，中国更应该摒弃对美出口规模的追求，转而通过发展服务经济，推进制造业改造，提升出口利润，在控制，甚至主动缩小美中贸易差额的基础之上，从美中贸易中寻求更大经济价值。就此而言，"塞翁失马，焉知非福"，中美贸易争端的激化，也许恰恰是中国扭转贸易结构，推进出口结构升级的契机。

中国制造需构建创新驱动民族产业价值链[*]

一、中美贸易战暴露中国制造的弊端

2018年3月，中美贸易争端的不断升温牵动着亿万中美民众之心。4月16日，美国商务部忽然宣布，由于中国的中兴通讯违反美国的"制裁禁令"，将禁止美国企业向其出售零部件产品，期限七年。消息曝光之后，舆论哗然，国人才第一次知道，由于关键芯片部件掌控于美国企业手中，当美国政府出于政治因素，收紧中兴产品的核心部件的供应之后，看似无比强大的中国通讯巨头中兴通讯就将直面生死存亡的严峻挑战。

随后，市场传言美国商务部又将以同样的理由，对于我国通讯龙头、国人骄傲的华为电子也展开调查，华为也有可能面临着与中兴相同的悲惨遭遇。一时之间，在强势的美国技术优势面前，贵为全球最大的网络设备供应商，第三大手机厂商华为的华丽外衣下的"小"顿时暴露无遗。

新中国成立以来，勤劳勇敢的中国人民利用自己的勤劳双手，从无到有，建立起部门门类齐全的国民经济体系，两弹一星的成功，向世界展现了中国人民的伟大创造力。改革开放以来，凭借开放的胸怀，广泛吸收世界各国的创新资源，又创造了国民经济连续近四十年高速增长的中国奇迹。利用中国的廉价劳动力资源，凭借服装、电器、五金等劳动密集行业的飞速发展，中国制造开始深入世界各国人民的生活，从而打响了世界工厂的声誉。

---

[*] 成果介绍：本文写作于2018年5月中美贸易争端发生后，民盟中央刊物《群言》组织"打造制造业转型升级新引擎"笔谈，本人受邀撰写本稿，并刊发于《群言》2018年第6期，刊发时有删减。

20世纪末，在中国对外贸易领域，所谓中国出口八亿件衬衫的利润才可以换得一架飞机的残酷现实，充分暴露了中国制造在出口领域的微薄利润，更加坚定了中国推进产业升级的决心。特别是，借助于金融泡沫下，欧美等国制造业空心化的契机，利用四万亿元投资刺激，加快创新集聚的战略性新兴产业发展，更加速了中国的产业升级步伐。尽管期间过度的投资刺激暴露出诸如重复投资、过度投资等经济过热问题，而使四万亿元投资战略毁誉参半，但是不容否认的是，正是该战略计划对于科技创新与产业升级的重视，使得中国的产业结构更加优化。

随着现代信息技术在中国产业发展中得到更加广泛的应用，高铁、支付宝、共享单车、网购已经成为新的国家名片，而受到世界人民的追捧。中国智造的兴起已然成为全球经济不容忽视的力量，越来越多经过现代信息技术改造的中国企业开始在国际舞台展现自身的实力。

2017年，《财富》杂志公布世界500强榜单，中国上榜企业连续14年增长，已经增至115家，其中国家电网、中国石化和中国石油三家中国制造企业雄居本次榜单的第2、3、4名，更使得亿万国人为之自豪。值得特别强调的是，本次事件的主角华为荣列第83名，而中兴通讯虽然未进世界500强，但仍然是中国最大的通讯设备供应企业。

然而，看似无比强大的这些中国企业，为何却在这次中美贸易大战中显得如此羸弱不堪，也许这恰恰暴露了中国制造的软肋所在。

二、中国产业体系的阿喀琉斯之踵

正如林毅夫等中国新结构主义经济学家所倡导的那样，改革开放以来，中国的经济发展是有意识地利用资源禀赋，参与现代全球分工体系，发挥比较优势，发展全球价值链中最适合于本国的资源禀赋情况的产业部门与产业环节。在这样的思想指导下，拥有全球最丰富的劳动力资源和最大的市场空间的中国，自然成为全球各制造巨头所无法忽视的战略要地。通过直接投资的方式，进行价值链转移，将部分价值链嫁接于中国，甚至将中国培育成为其自身价值创造的关键一环，必将能够降低这些外资企业自身的运营成本，获得更多市场利润。外资企业纷至沓来，给改革开放初期的中国企业带来了新技术、新思维、新模式，从而推进了中国产业发展的技术创新与制度创新，创造了经济连续40年高速增长的中国神话。

然而，即使通过引入外商直接投资的方式，建立起相对完整的区域产业价值链，进而融入国际竞争，成为当代全球产业价值链的重要一环，但是扎根于中国大地的很多制造业企业仍然掌控于外资手中。出于对于势将崛起的中国雄狮的顾忌，即使在中国政府有意识的"以市场换技术"的引诱下，很多外资企业仍然将一些核心技术、核心环节留在手中。这也导致了新结构主义者所想象的技术的自然转移，进而自发推进中国产业结构升级，从而实现对于发达国家的经济赶超，只是停留于理论。

其实，正如中国古代学徒制度下，老师傅们总会有意识地留一手绝学，从而避免"教会徒弟，饿死师傅"。即使随着中国战略性新兴产业的兴起，特别是现代信息技术在商业模式和智能制造中的作用日益凸显，在通信设备、人工智能、移动支付等代表着现代科技发展方向的新兴领域，很多中国企业甚至走到了世界前列。但是由于中国的经济与科技的赶超是建立在对于欧美现有科技成果的引进吸收的基础之上，中国式的技术创新往往由于技术的循序渐进的不足，而缺乏牢固的根基。如果某些基础性的技术引入被切断，建立在此之上的后续的技术创新都将成为无根之木、无源之水，而陷入混沌。

中兴事件为笔者的上述观点做出了完美的诠释。作为全球最著名的通信设备供应商之一，中兴通讯每年都花费巨额资金用于技术研发，其每年的技术专利在国内企业也都名列前茅，它完全符合我们所想象的拥有技术领先的竞争优势的高科技企业的定义，其在通信服务领域拥有着巨大的号召力和影响力。

从现代通信技术的发展来看，半导体芯片或集成电路芯片原本是伴随着计算机的发展而逐步成长起来的。相对于其后端通信设备和应用系统等众多创新成果而言，计算机芯片似乎已是明日黄花，只是上一个计算机时代的产物，其被现代信息技术发展的洪流所摧毁也仅仅是时间问题。与微软、Facebook、亚马逊等现代信息技术企业相比，INTEL、三星等芯片领导企业的式微也是不容否认的事实。然而，正是这小小的、看似基础、完全不起眼的芯片，却成了压倒中兴通讯的最后一根稻草。

40年的经济高速增长，使很多中国制造业企业在短短十年、二十年，就跨越了很多世界知名企业耗费数百年才完成的资本积累和技术创新。可以通过直接"拿来"的方式，购买欧美国家现成的技术专利，学习其运营管理模式，从而缩短自身探索的周期，也是后发国家对先发国家实现赶超的关键所在。然而，有些技术，特别是一些基础性的技术的研发、应用与吸收，如果过多地依赖于其他国家或者其他企业，就会影响这些赶超型企业，甚至整个赶超型经济的安全稳定。

中兴事件为众多中国制造企业敲响了警钟。即使已经拥有了巨大的市场影响力和经济规模，但是如果不能掌控所有的生产环节，而必须在某一环节、某一部件上，向外部的其他国家企业寻求帮助，就有可能在相关领域受制于人，从而导致自身的成长缺乏可持续性。

从经济方面来看，中兴或华为完全没有必要再投入巨资，在外企已经取得巨大成就的芯片领域进行重复研发。选择从成熟企业购置现成的芯片产品，也会比自己投资研制，或者生产自主品牌的芯片产品更合算。在传统的比较优势的分工体系下，中美两国展开自由贸易，中国购买美国芯片再生产通信设备转售美国，肯定也会比中美两国都同时生产芯片和通信设备更经济。然而，如果在本国的产业体系中，在另一国家的某一技术、某一产品或者某一服务的依赖度过高，而缺乏市场替代性，其产业发展就可能存在一定的风险。这些受控领域也许将成为这些国家的相关产业的阿喀琉斯之踵，而置整个国民经济于风险之中。

三、产业安全需要完备的民族产业价值链

笔者此文的原意并非鼓吹中国企业需要再投入重资去重复研发人类有史以来的所有发明创造。现代创新经济所赋予后发国家的一项特权，就是可以通过技术专利交易的方式，以更低的成本获得其他国家、其他企业投入巨资所取得的创新成果。如果以经济安全为名，鼓励一个国家在所有领域都实现自给自足，只会让人类社会退化到更加贫穷落后的闭关锁国时代。

但是，如果以比较优势和自由贸易为借口，过分夸大国际分工的作用，甚至对某一企业、某一国家的特定产品产生强烈的依赖，就有可能会丧失经济发展的自主权和独立性，从而使得本国的经济发展面临巨大的风险。这一点，相信无论欧佩克之于石油，或者三大铁矿石商之于铁矿石，已经给世人上了印象深刻的一课。究此而言，美国对于中兴通讯的芯片的控制，只不过是这一现象的再现罢了。

在现代全球价值链中，各个国家的无数企业已经通过国际分工有机的连结在一起。建立于资源禀赋基础之上的分工理论，也的确指导着各个国家，各个企业的国际分工与国际投资。然而，笔者强调的就是必须关注国际分工的依赖性和可替代性。从理论上来说，通过外包把现代企业运营的一些环节转移到更具相关资源禀赋的国家，而将自身资源集中于最能创造价值的领域，的确可以实现经济价值的最大化。也正是基于这一思想，21世纪以来，欧美国家相继推行了脱工业化，把生产制造环节转移于中国等发展中国家，而把自身的资源更多集聚于研发、金融、营销等创新密集型环节，从而实现了自身利润的最大化。然而，如果

产业资源出现了过度转移，从而使国内相关产业完全缺失，导致本国的某些产品必须依赖于国外市场的话，就容易使得本国经济会在相关领域受制于人，又有必要由政府推行一定的限制性或者保护性措施，来保证本国产业链的完整性。在这方面，欧美以及日本等发达地区对于农业的保护最为典型，而次贷危机后，欧美回归制造业的举措又再次证明了这一原理。

　　随着现代产业体系的不断扩张，没有任何一个国家可能垄断所有产业的发展，全球化的分工协作日益紧密，全领域的自给自足已经不再可能。然而，强调国际分工并不代表就应该轻而易举地把部分行业、部分产品的供应拱手相让于他国。从国家产业链的完整考虑，民族产业链的全链合作应该是"非不能矣，实不为也"，也就是说每个国家应该尽量保证独立掌握全产业链的所有环节的发展能力，所有产品的独立供应能力，但是出于经济角度考虑，在可自主生产的前提下，通过国际贸易的方式，以更低成本获得更优质的外国供应的产品与服务。自主生产能力，或者说全产业链发展水平，是维系稳定国际合作的基础。如果缺乏自主生产能力，而把全部希望都寄予他国，显然也就把本国产业的安全稳定的主动权拱手让人，这也不应该是一个经济大国的理智选择。

　　即使从经济的角度考虑，在全球市场购买某些产品或服务，也应该尽量减少对特定企业，或者特定国家的依赖，而力争引入国际竞争，通过多市场、多企业的竞争，来获得最有利于出口国的贸易条件。当然，像芯片或者计算机操作系统等市场垄断性极强且主要掌握在少数国家、少数企业手中的信息产品，也许难以实现多方采购，那么掌握部分核心技术或者拥有自身在特定环节的垄断优势，足以形成本国在相关市场的市场势力，对于维持稳定的产业发展态势则至关重要了。

四、政用产学研协作推进民族产业价值链构建

　　伴随着我国对外开放的不断深入，从基础的加工制造，到高尖端的信息科技，中国已经建立起了相对完整的产业体系。只是问题的关键在于，类似于中兴所在的信息通讯产业，尽管中国已经拥有具有世界影响力的高科技企业，可以向全世界供应最尖端的科技产品，但是特定环节，或者部分核心原件的供应却仍然掌控在外资企业，甚至是在华运营的外商独资企业手中。看上去，整个产品从设计、生产、营销都在中国国土完成，但是其却并不是一个完整的闭环，其民族掌握功能的缺位，自然会对整个产业链的稳定产生重大影响。

　　从产业安全与产业稳定考虑，即使不强求一个国家实现全产业的独占，从而

追求一种形式上的自给自足，也至少应该保证核心产业链的全链可供应，从而避免核心环节受控于人可能造成的被动。而要做到这一点，更需要政府采取积极的产业政策，推进政用产学研协作，加强基础研究，从而建立起相对稳定的创新驱动民族产业价值链。

随着现代信息技术对传统产业的改造的不断深化，计算机技术开始更多地融入制造业、商业，乃至农业等传统产业领域。不同产业部门之间的界限逐渐消融，产业融合、产业协作、产业互动开始加速，在给现代产业发展带来无限可能的同时，也增加了产业的更替的压力。

在企业运营过程中，企业的创新行为只有转化为创新成果、获得市场收益，才可以收回创新投资。因此，由于创新的不确定性，企业往往只有在早期的创新成果取得市场的认可之后，才会加大研发投入，如果寄希望于市场的力量，推动企业加大研发投入，往往会导致早期的创新投入，特别是基础理论领域的创新投资的不足。因此，构建完整的创新驱动民族产业价值链就需要政府采取有力的产业政策，从供需两端着手，推动创新投入的稳定增长。

政府一方面可以从需求侧着手，以定制购买的方式，通过政府采购订单扶持一些小企业，特别是本国的科技型小企业的成长，从而鼓励市场竞争，实现对于进口产品的可替代，另一方面，则从供给侧发力，由政府协调高校、研究机构，企业发展政用产学研，加强本国能力建设，推进基础研究发展，为本国企业的技术攻关提供必要的技术支持和政策保障。

对于企业而言，直接从国际市场，采购现成的产品或技术，显然比重新出巨资研发一套现成的技术成果更为经济。然而正如中兴事件暴露出来的一样，如果某个企业所在的产业价值链的一环置于他国之手，就会让自身的产业发展面临不确定，这就需要由政府出面，科学评价每一个重点产业、每条产业价值链的民族属性，对于缺乏自主生产能力或自主研发能力的环节，必须早作预案，有必要引入替代性的国际竞争对手，保证产品与服务的替代性供应，同时，以政用产学研合作的方式，引导企业在这些重点领域加大研发投入，掌握核心技术，消除对于外国技术的依赖，从而构建起更加完整的创新驱动民族产业价值链。

五、结论

中兴事件充分暴露了中国产业发展重视本土生产，而忽视民族生产的缺陷所在。依赖外商投资实现经济长期高速增长的中国产业的发展极度依赖于外资的注入与商品的出口，这也不可避免地会导致产业链的部分环节会落于外资手中，从而导致本国的产业发展面临一定的风险。

　　从产业安全的角度考虑，即使我国并没有必要把所有产品的生产都抓在手中，也根本没有必要掌握现代产业发展的每一项技术，但是通过政用产学研协作，构建起一条完整的创新驱动的民族产业价值链却至关重要。通过政府的政策引导，保证民族企业对于核心技术的掌握，掌握本国对于进口产品的替代能力，在重要中间产品或核心部件的供应上引入国际竞争，从而减少对于其他国家或者特定企业的依赖，维持本国产业发展的相对稳定。

中美贸易争端：从怎么看到怎么办[*]

自 2018 年 3 月特朗普在白宫签署对中国进口的 600 亿商品加征关税的对华贸易备忘录以来，中美在贸易领域的一系列争斗，时刻牵动着世人关注的目光。如何正确认识中美贸易争端以及我国应该如何应对中美贸易争端带来的新格局，是我们必须认真思考的问题。

一、如何认识中美贸易争端

40 年来，我们见证了中国对外开放所取得的丰硕果实，但贸易争端似乎将中美经贸合作的大门再次关闭。只有理解这场中美贸易争端因何而来，又将如何演进，才能真正揭开这场"贸易战"的面纱，看清中美贸易的未来走势。

（1）跳出贸易领域看"贸易战"。尽管中美两国的争端始终聚焦于贸易领域，但这绝非纯粹的经济问题。作为世界头号强国，美国一贯把任何危及自己霸主地位的因素都扼杀在萌芽之中，这是其维护根本利益的第一选择。20 世纪美国针对苏联的"星球大战"计划、《广场协议》对崛起的日本经济的绞杀，莫不是这一原则在现实中的映射。21 世纪以来，中国成长为全球第二大经济体。因此，在民主党和共和党的竞争中，中国始终被作为美国最危险的潜在竞争对手的形象而宣传，遏制中国也被成为各总统候选人争取选民的重要策略。从这方面而言，无论谁当总统，从经济着手削弱中国在世界的影响力及对美国的威胁，都会是美国全球战略的一部分。

---

[*] 成果介绍：本报告受邀稿于民盟天津市委。同时，报告经修改后，以论文形式发表于民盟中央刊物《群言》，2017 年第 9 期。

（2）关税竞争不可持续。本次贸易争端，除了美国政府对于中兴的封杀之外，几乎全都将着力点集中在关税领域，导致中美贸易关税持续上涨。华盛顿时间 2018 年 7 月 10 日，美国宣布拟对价值 2000 亿美元的中国进口服装、电视零件、冰箱等消费品及其他高科技产品加征 25% 关税。北京时间 8 月 4 日，中国宣布对原产于美国的 5207 个税目约 600 亿美元商品加征 25%、20%、10%、5% 不等的关税，以回应美方背离双方多次磋商共识而单方面升级贸易争端的举动。值得注意的是，与之前针锋相对的等额报复不同，此次中国对美国的报复性征税要温和很多，回应间隔时间也更长。事实上，2017 年，美国对华出口总额仅为 1303 亿美元，即使将其全部纳入报复范畴，也无法实现金额上的对等。而从贸易额度来看，两国的贸易关税可增税的税基空间已经不大，随着两国贸易争端的加剧，绝对的关税竞争只能隔绝两国贸易，打破现有的国际分工体系，给两国经济带来更大的损失。因此，可以预见，下一阶段的争端将跳出关税领域，而更多在国际协作、市场开放、世界投资、全球责任等领域展开。

（3）简单的贸易差额不足以理解中美贸易。2017 年，中国对美贸易顺差高达 3752 亿美元，这也是特朗普对华贸易争端的事实依据。必须注意的是，在传统的两头在外的加工贸易模式下，中国对美出口总金额并不能完全反映中美贸易，如苹果手机几乎全部为中国生产，在国际贸易中，反映两国的出口额是按手机产品总金额计算，但是一部苹果手机的绝大多数利润是被掌握技术专利和品牌收益的美国苹果公司以及主要源于发达国家的核心零部件公司所控制，中国的代工企业富士康所获得的价值不超过手机价格的 2%。在现有的国际贸易核算机制下，苹果手机的名义出口额度其实被放大了 50 倍。从这方面来看，现有的中美贸易差额并不客观。

（4）服务贸易亟待纳入现有国际贸易体系。在现有的全球分工体系和加工贸易模式下，进口的零部件往往源于其他生产成本更低的发展中国家，而欧美发达国家则早已进入去工业化时代，凭借发达的服务经济体系发展服务贸易。当前尽管在商品贸易领域，中国拥有巨大的贸易顺差，然而在知识与创新密集的服务贸易中，美国却长期保持顺差，且增长迅速。2016 年，美国对华服务贸易出口已经达到 869 亿美元，顺差高达 577 亿美元。而服务贸易的顺差却并没有被计入中美贸易差额中，这也扭曲了中美两国贸易差额的现实。

（5）中美贸易争端是中国改革开放进入深水区的重要体现。改革开放以来，中国各地都采取了优惠的投资政策，吸引外资发展直接投资，借力构建中国产业体系。而原有的优惠政策往往体现为 20~30 年的税收减免、返还等财税政策。时至今日，很多财税政策的优惠年限已至，再加上房价上涨和人力资本价格持续提升的双重挤压下，外资企业的利润迅速下滑，这也是近年很多外资企业选择撤出中国市场的重要原因。很多美资企业，特别是制造业美资企业，也期望通过游说美国政府挑起贸易争端，争取优惠政策的延续。我们甚至可以说，这场"贸易大战"其实是中国所亟待跨越的中等收入陷阱的一个重要组成部分。

二、如何应对中美贸易争端

中美贸易争端给中美关系和中国未来的经济发展都带来了众多不确定性因素。其实这场中美贸易争端只是中美两国之间的小波折，我们只要坚持独立自主和开放合作的基本策略不动摇，必将很快烟消云散。

（1）有礼有节，积极应对。作为世界两大经济体，中美贸易必有一战，早爆发、早应对、早解决、早稳定。商人出身的特朗普深知合则双赢、分则两败的商业原则，他决不会置中美贸易于绝境，但是其仍然坚持把贸易争端扩大化，这只是拿贸易做文章，借题发挥，与中国讨价还价，以争取更多的经济利益。由于中美两国在国际经济、政治领域话语权的差异，拥有更大国际影响力的美国自然居于主动，因此在本次贸易争端中，中国更多表现为被动针对美国贸易政策采取应对措施。美国不会愿意放弃庞大的中国市场，否则只要一纸禁令就可以完全断绝与中国的贸易，它之所以选择反复加税，只是希望通过挑起贸易争端把中方逼到谈判桌上，争取更多的自身利益。因此，中方一方面需要积极应对，以相对强硬的态度，降低美方对于谈判桌上获得利益的期望值，另一方面也应该适当做出让步，争取通过谈判解决争端。2018年8月初，中国的报复政策已经体现一定的让步，但由于中美两国间巨大的贸易差额，关税领域的让步空间已经不大，未来的让步可能会更多地集中于市场开放与贸易差额领域。

（2）我国需要摒弃对于出口的迷信。在消费、投资与出口三驾马车中，出口是带动中国经济腾飞最为重要的因素，但是在现有贸易格局下，出口退税、出口补贴、研发补贴等出口支持政策已经越来越受到贸易对手的排斥。巨大的贸易顺差带来的外汇储备的迅速增长，也给中国金融体系带来巨大的压力。未来的中国出口需要跳出对于出口金额的依赖，而更多关注出口结构。在出口结构中，中国应该逐渐减少建立在低劳动力价格基础上的加工贸易，借助"中国制造2025"的经济调节作用，发展高附加值的高科技产品的出口；在降低贸易差额、减少贸易冲突、缓和贸易争端的基础上，通过发展国际贸易，实现更大的经济利益。"塞翁失马，焉知非福"，在这样的政策思路指导下，中美贸易争端恰恰可以成为推动中国经济转型、加速中国产业结构调整的重要契机。

（3）对外贸易结构从总额控制转向结构调整。由于产业发展去工业化，美国对华出口领域极为狭窄。特别是出于经济控制和国家安全的考虑，美国一直严格控制对华高科技出口，对华禁运清单规定了禁卖的尖端机械设备、高科技芯片、空间技术设备等部件名称与型号。如果在高科技领域解除禁运，美国可以轻而易举地降低对华贸易差额，但这必然会带动中国经济的发展，为自己树立起更为强大的竞争对手，这显然是美国政府不愿看到的。中国可以在贸易谈判中以自由贸易、减少政府管制为理由，争取让美方放松对高科技领域的管制，以减少两国贸易差额。除了汽车等传统制造业消费产品，美国对华的主要出口为能源和农业等初级产品，而这恰恰是美国最为依赖中国市场的领域。拥有14亿人口的中国是美国初级产品最迫切希望占有的市场，也是中美贸易争端爆发后美国国内对政府施加最大压力的产业部门。而美国对华出口的液化天然气正面临着卡塔尔、澳大利亚等国的竞争压力，巴西、泰国也虎视眈眈坐等分割中国鸡肉市场的份额，中国完全可以通过"围魏救赵"的策略，积极展开与美国初级产品竞争对手的贸易谈判，向美国初级产品供应商施加压力，将美国政府逼回谈判桌，争取中国利益。

（4）着重培育民族全产业价值链。中兴事件已经充分反映了外资对于当前中国产业体系的掌控。尽管我国已经建立起相对完整的产业价值链，但是价值链的核心环节、产品的核心部件仍然掌握在外资手中。一旦爆发经济争端，中国产业体系就会面临生死存亡的考验。因此，通过政府采购，直接参与基础领域研发，发展"政用产学研"推动应用领域创新，积极培育专利技术市场，加大专利保护力度，建立创新驱动的产业发展环境及能够完全由民族资本掌控的全产业价值链，将能够更好地保证国家产业经济的安全。

（5）积极发展服务贸易，将其纳入国际经济核算。在国际经贸领域，以金融、研发、专业服务、信息服务为代表的服务贸易已经成为最具价值的经济领域。欧美发达国家相继进入服务社会，通过产业转移将其原有的制造业转向中国等发展中国家，实现去工业化，这也导致欧美发达国家在传统贸易领域的贸易逆差持续扩大。实物贸易领域的巨大逆差掩盖了欧美各国服务贸易的巨大领先优势和巨额顺差。因此，细化服务贸易核算，将其纳入传统国际贸易核算体系已经刻不容缓。在中美贸易争端谈判中，中方更应该强调美方的服务贸易顺差，以此来抵消中方的实物贸易顺差，通过服务贸易开放，争取谈判在中方掌控下进行。

三、结束语

"中美贸易战"已经成为 2018 年我国经济社会发展的重要关键词。如果不能巧妙应对这场贸易争端，强烈依赖出口的中国经济将面临巨大的下行压力。从某种意义上而言，"中美贸易战"是走到中等收入陷阱面前的中国所必然面临的一场国际环境的转换，之前中国经济高速增长所依赖的廉价劳动力和巨额政府投资驱动已不可持续，而打造创新型国家却仍然任重而道远。我国更应该以这场贸易争端为契机，推动中国的经济转型，加速我国经济的创新驱动发展步伐。

全球化潮流已经势不可挡。即使在贸易保护主义重新抬头的今天，无论英国脱欧还是特朗普发动的贸易战，都只是政治手段，在高度全球化的世界中，没有人能够独善其身。坚持公平合作的自由贸易思想，在新时期全面深化对外开放，修炼内功，提升中国制造的创新内涵，让中国制造成为全球经济必不可少的核心元素，我们就能够掌握自身发展的主动权。